EMOÇÕES NA ANÁLISE DO COMPORTAMENTO
UM MODELO INTERPRETATIVO

Editora Appris Ltda.
1.ª Edição - Copyright© 2024 da autora
Direitos de Edição Reservados à Editora Appris Ltda.

Nenhuma parte desta obra poderá ser utilizada indevidamente, sem estar de acordo com a Lei nº 9.610/98. Se incorreções forem encontradas, serão de exclusiva responsabilidade de seus organizadores. Foi realizado o Depósito Legal na Fundação Biblioteca Nacional, de acordo com as Leis nos 10.994, de 14/12/2004, e 12.192, de 14/01/2010.

Catalogação na Fonte
Elaborado por: Dayanne Leal Souza
Bibliotecária CRB 9/2162

D228e 2024	Darwich, Rosângela Araújo Emoções na análise do comportamento: um modelo interpretativo / Rosângela Araújo Darwich. – 1. ed. – Curitiba: Appris, 2024. 146 p. : il. ; 23 cm. – (Coleção PSI). Inclui referências. ISBN 978-65-250-6864-0 1. Emoções e sentimentos. 2. Psicologia. 3. Análise do comportamento. 4. Análise funcional. I. Darwich, Rosângela Araújo. II. Título. III. Série. CDD – 152.4

Livro de acordo com a normalização técnica da ABNT

Editora e Livraria Appris Ltda.
Av. Manoel Ribas, 2265 – Mercês
Curitiba/PR – CEP: 80810-002
Tel. (41) 3156 - 4731
www.editoraappris.com.br

Printed in Brazil
Impresso no Brasil

Rosângela Araújo Darwich

EMOÇÕES NA
ANÁLISE DO COMPORTAMENTO

UM MODELO INTERPRETATIVO

Appris
editora

Curitiba, PR

2024

FICHA TÉCNICA

EDITORIAL Augusto Coelho
Sara C. de Andrade Coelho

COMITÊ EDITORIAL Ana El Achkar (Universo/RJ)
Andréa Barbosa Gouveia (UFPR)
Antonio Evangelista de Souza Netto (PUC-SP)
Belinda Cunha (UFPB)
Délton Winter de Carvalho (FMP)
Edson da Silva (UFVJM)
Eliete Correia dos Santos (UEPB)
Erineu Foerste (Ufes)
Fabiano Santos (UERJ-IESP)
Francinete Fernandes de Sousa (UEPB)
Francisco Carlos Duarte (PUCPR)
Francisco de Assis (Fiam-Faam-SP-Brasil)
Gláucia Figueiredo (UNIPAMPA/ UDELAR)
Jacques de Lima Ferreira (UNOESC)
Jean Carlos Gonçalves (UFPR)
José Wálter Nunes (UnB)
Junia de Vilhena (PUC-RIO)

Lucas Mesquita (UNILA)
Márcia Gonçalves (Unitau)
Maria Aparecida Barbosa (USP)
Maria Margarida de Andrade (Umack)
Marilda A. Behrens (PUCPR)
Marília Andrade Torales Campos (UFPR)
Marli Caetano
Patrícia L. Torres (PUCPR)
Paula Costa Mosca Macedo (UNIFESP)
Ramon Blanco (UNILA)
Roberta Ecleide Kelly (NEPE)
Roque Ismael da Costa Güllich (UFFS)
Sergio Gomes (UFRJ)
Tiago Gagliano Pinto Alberto (PUCPR)
Toni Reis (UP)
Valdomiro de Oliveira (UFPR)

SUPERVISORA EDITORIAL Renata C. Lopes

PRODUÇÃO EDITORIAL Bruna Holmen

REVISÃO Cristiana Leal

DIAGRAMAÇÃO Luciano Popadiuk

CAPA Kananda Ferreira

REVISÃO DE PROVA Jibril Keddeh

COMITÊ CIENTÍFICO DA COLEÇÃO PSI

DIREÇÃO CIENTÍFICA Junia de Vilhena

CONSULTORES Ana Cleide Guedes Moreira (UFPA)

Betty Fuks (Univ. Veiga de Almeida)

Edson Luiz Andre de Souza (UFRGS)

Henrique Figueiredo Carneiro (UFPE)

Joana de Vilhena Novaes (UVA |LIPIS/PUC)

Maria Helena Zamora (PUC-Rio)

Nadja Pinheiro (UFPR)

Paulo Endo (USP)

Sergio Gouvea Franco (FAAP)

INTERNACIONAIS Catherine Desprats - Péquignot (Université Denis-Diderot Paris 7)

Eduardo Santos (Univ. Coimbra)

Marta Gerez Ambertín (Universidad Católica de Santiago del Estero)

Celine Masson (Université Denis Diderot-Paris 7)

Para Alice e Ícaro

AGRADECIMENTOS

Agradeço aos meus professores de Psicologia, pelo espaço de troca acadêmica que me instigou a persistir em busca de novos questionamentos. Ganham destaque os tão queridos professores Emmanuel Zagury Tourinho e Olavo de Faria Galvão — eu não poderia ter melhor orientação em Behaviorismo Radical e Análise Experimental do Comportamento.

Dos amigos que também são meus mestres, agradeço toda a ajuda e apoio de Simone Neno. Sou grata pela existência de Elyeda Pessôa, companheira desta e de todas as minhas tentativas de exposição de ideias. Agradeço especialmente ao João Paulo Watrin, pelo apoio constante e compartilhamento de ideias.

Tenho igualmente a agradecer a meus pais e todos os amigos que participam do que sou.

No que pode ser vivido de tantas maneiras, obrigada, Daniel Hannemann, por ser meu filho e o exemplo que tento seguir.

Através do teu coração passou um barco
que não pára de seguir sem ti o seu caminho.

(Sophia de Mello Breyner Andresen)

APRESENTAÇÃO

O modo causal de seleção por consequências, desenvolvido por B. F. Skinner, destaca similaridades entre diferentes processos. Essas similaridades incluem o mecanismo darwiniano de evolução filogenética por seleção natural, a evolução das culturas e o condicionamento operante durante o desenvolvimento individual. Neste último caso, além dos comportamentos operantes, encontramos os comportamentos respondentes ou reflexos, que se referem a relações entre respostas e estímulos que as precedem.

Considerando que os respondentes são elementos essenciais das emoções, surge uma questão crucial: podemos explicar as emoções por meio de um modelo selecionista que se concentra nas consequências dos comportamentos? Em busca de uma resposta, analisei conceitos presentes em diferentes obras de Skinner e outros analistas do comportamento, à luz de inter-relações entre processos respondentes e operantes, considerando que comportamentos e eventos ambientais podem adquirir múltiplas funções.

Com base nessa análise, elaborei um modelo interpretativo de fenômenos emocionais, cuja relevância para a teorização, a prática clínica e a pesquisa empírica é demonstrada por meio de exemplos de sua aplicação em análises funcionais extraídas da literatura da área. Acima de tudo, o modelo apresentado neste livro permite demonstrar que o modo causal de seleção por consequências é apropriado para a explicação não apenas de operantes, mas também de respondentes e, portanto, de emoções.

PREFÁCIO

A construção da Psicologia como ciência e como profissão de ajuda tem já alguns séculos de história. Seja pela complexidade dos problemas de que se ocupa, seja pela diversidade dos métodos que encontram acolhimento em seus espaços acadêmicos e profissionais, a Psicologia é ainda hoje um campo habitado por abordagens teórico-metodológicas e por técnicas de intervenção diversas e, frequentemente, inconciliáveis, que guardam pouca ou nenhuma referência em comum.

A Análise do Comportamento é um dos sistemas de conhecimento e intervenção mais importantes e influentes na história da Psicologia. Mais enraizada na tradição da pesquisa experimental, a prática científica em Análise do Comportamento nasceu e se desenvolveu intensamente nos Estados Unidos, sob a tradição da Psicologia Comportamental (que comporta modalidades diversas de *behaviorismo*). Chegou ao Brasil, na década de 1960, e fora do continente americano teve certa propagação na Europa. Nos dias de hoje, há menos referências às designações que marcam esse campo — Análise do Comportamento, Análise Experimental do Comportamento, Behaviorismo Radical, entre outros, em currículos de cursos de Psicologia, ou em manuais de trabalho em Psicologia. Contudo muitas de suas contribuições subsistem além de suas fronteiras em um sem-número de teorias, técnicas de intervenção clínica, tecnologias educacionais, programação de aplicativos computacionais etc.

Por razões históricas que não cabem neste curto prefácio, a escolha do *comportamento em si mesmo* como objeto de estudo por vezes leva à suposição de que a Análise do Comportamento não oferece uma interpretação abrangente e/ou consistente de fenômenos emocionais e cognitivos. A suspeita não subsiste a uma leitura atenta do que se produz até hoje em Análise do Comportamento, mas não é algo simples explicar emoções recorrendo a relações comportamentais.

O trabalho de pesquisa apresentado nesta obra oferece um tratamento conceitual para as emoções à luz de referências teóricas analítico-comportamentais. Além de situar as emoções no campo das relações comportamentais, relações de pessoas com o seu mundo físico e social, o estudo avança sobre uma dimensão central do sistema explicativo da Análise do Comportamento, a adoção do modo causal de *seleção por consequências*, de acordo com o qual eventos contingentes a uma classe de respostas alteram a probabilidade de sua recorrência (um análogo ontogenético da seleção natural).

A tarefa que a autora se coloca requer um esforço analítico sofisticado, que avança de relações comportamentais particulares para unidades mais molares do fenômeno emocional sob o enfoque comportamental, que considera a relação complexa entre estímulos públicos e privados e respostas abertas e encobertas.

Não raro, quando se pensa em relações comportamentais emocionais, a referência são as relações respondentes, como quando alguém fica "assustado" ao visualizar uma ameaça. Tais relações envolvem processos ontogenéticos com frequência não prontamente identificáveis. O texto, no entanto, deslinda a evolução de tais relações, apontando como processos ontogenéticos são essenciais para definir as funções que vão assumindo eventos ambientais (físicos e sociais) e comportamentais (respostas do organismo como um todo), em relações não apenas respondentes, mas também, e principalmente, operantes.

Além de prover uma explicação coerente para os fenômenos emocionais, com integridade conceitual, o trabalho contribui de modo muito especial, para afirmar a pertinência do tema das emoções ao universo de fenômenos de interesse para uma ciência do comportamento, em especial para uma ciência do comportamento ancorada no modo causal selecionista. Adicionalmente, discute alternativas para a intervenção diante de tais fenômenos.

O tema aqui abordado não é frequente na literatura analítico- -comportamental. São poucos os pesquisadores que a ele se dedicam, especialmente dentre os que estão mais distantes das aplicações da Análise do Comportamento. Porém é um tema central para quem atua em ambientes de intervenção em que as emoções estão presentes de modo impositivo. Ao construir um modelo interpretativo para tais fenômenos, a autora fornece a praticantes da Análise do Comportamento ferramentas conceituais valiosas, que organizam a percepção e compreensão das emoções como parte de um sistema maior de interações da pessoa com o seu mundo, à luz de princípios consistentemente observados.

Emmanuel Zagury Tourinho
Professor titular da Universidade Federal do Pará (UFPA)

SUMÁRIO

1
INTRODUÇÃO 17

2
PERCURSOS DA PESQUISA 31
2.1 LEVANTAMENTO E SELEÇÃO DE MATERIAL BIBLIOGRÁFICO 31
2.2 ANÁLISE DAS INFORMAÇÕES COLETADAS 34

3
PROPOSTA OPERANTE 35
3.1 DISTINÇÃO RESPONDENTE-OPERANTE 36
3.2 COMPORTAMENTO E CONTINGÊNCIAS OPERANTES 43
3.3 MÚLTIPLAS FUNÇÕES DE EVENTOS ORGANÍSMICOS E AMBIENTAIS....53

4
INTER-RELAÇÕES ENTRE PROCESSOS RESPONDENTES E
OPERANTES NA EXPLICAÇÃO DE FENÔMENOS EMOCIONAIS...... 63
4.1 MODELO INTERPRETATIVO DE FENÔMENOS EMOCIONAIS........... 63
4.2 FENÔMENOS EMOCIONAIS E SELEÇÃO POR CONSEQUÊNCIAS
NA ONTOGÊNESE 82

5
APLICAÇÃO DO MODELO INTERPRETATIVO DE FENÔMENOS
EMOCIONAIS À REALIZAÇÃO DE ANÁLISES FUNCIONAIS 89
5.1 REFORÇAMENTO POSITIVO E NEGATIVO 89
5.2 ANSIEDADE NA LITERATURA DA ANÁLISE DO COMPORTAMENTO....97
5.3 O PAPEL DA INTERPRETAÇÃO NO CONTEXTO TERAPÊUTICO 107

6
CONSIDERAÇÕES FINAIS 129

REFERÊNCIAS 137

INTRODUÇÃO

A Análise do Comportamento congrega empreendimentos nos campos da filosofia, da ciência básica e aplicada e da intervenção, com vistas à construção de um arcabouço consistente de investigação e explicação de seu objeto de estudo. De acordo com tal proposta, o sentir e o pensar compartilham, com comportamentos abertos, uma mesma natureza, enquanto "respostas do organismo como um todo" (Tourinho, 2006a, p. 21). Na medida em que a explicação comportamental advém da análise de relações estabelecidas entre o indivíduo e o ambiente externo, ambos são vistos como construídos sob influência mútua (Skinner, 1992).

O presente estudo questiona se o modo causal de seleção por consequências pode explicar os fenômenos emocionais[1]. Essa questão surge porque tais fenômenos possuem componentes respondentes, que, por definição, são relações entre respostas e estímulos antecedentes. Investigo, assim, a ocorrência de condicionamentos ao longo da ontogênese, considerando que a seleção ao nível filogenético garante a explicação do repertório inato da espécie[2].

A revisão da literatura selecionada resulta na proposição de um modelo interpretativo de fenômenos emocionais fundamentado em conceitos amplamente utilizados na Análise do Comportamento. A contribuição fundamental do modelo reside na sua capacidade de esclarecer as diversas funções desempenhadas pelas variáveis envolvidas nas relações comportamentais em análise, no contexto de contingências operantes. Mais especificamente, indico passos que considero necessários para a compreensão do papel de fenômenos emocionais a partir de inter-relações entre processos respondentes e operantes. A coerência interna do sistema

---

[1] Utilizo o termo "fenômeno emocional" a fim de destacar a natureza processual das emoções.

[2] Ressalto que, mesmo quando se trata de um estímulo com função reforçadora incondicionada, tal função pode ser alterada ao longo da ontogênese (ver, por exemplo, a função do alimento para um indivíduo com anorexia nervosa). De acordo com Skinner (1965, p. 83), "o fato de que o organismo evidentemente herda a capacidade de ser reforçado por certos tipos de eventos não nos ajuda na previsão do efeito reforçador de um estímulo não experimentado".

explicativo analítico-comportamental é preservada na medida em que é mantido o pressuposto básico de que relações historicamente estabelecidas com o ambiente explicam a ocorrência de respostas abertas, encobertas, respondentes, operantes ou com ambos os componentes.

Parto do princípio de que análises funcionais[3], descritas na literatura analítico-comportamental, muitas vezes desconsideram o papel dos fenômenos emocionais para a compreensão das relações indivíduo-ambiente sob investigação. Em outros casos, o papel de tais fenômenos permanece apenas subentendido ou é referido na ausência de explicação — ou na presença de explicação parcial — dos processos responsáveis por sua ocorrência. Assim, busco contrapor análises encontradas na literatura da área ao modelo interpretativo proposto neste estudo a fim de avaliar seus limites explicativos.

Foi possível verificar, preliminarmente, que o modelo proposto sistematiza o modo como os eventos são descritos regularmente, permitindo o levantamento de hipóteses referentes a predição e controle de fenômenos emocionais no contexto de análise do indivíduo como um todo. Considero, portanto, a possibilidade de a utilização do modelo favorecer a aplicação da proposta skinneriana de análise, inclusive no contexto de terapia verbal, de consultório.

Do contexto mais amplo de investigação de eventos privados, faço um recorte referente à explicação de fenômenos emocionais por meio de inter-relações entre respondentes e operantes, e de acordo com o modelo selecionista skinneriano. Três temas são inicialmente destacados por favorecerem a compreensão das análises posteriormente desenvolvidas: (a) o papel dos eventos privados na Análise do Comportamento[4]; (b) a definição de fenômeno emocional, a partir das noções de emoção e sentimento; e (c) o processo de elaboração do modo causal de seleção por consequências.

---

[3] Tendo em vista as diversas definições do termo *análise funcional*, muitas vezes contraditórias, no contexto da literatura da Análise do Comportamento (Cavalcante, 1999), sua aplicação é realizada, neste estudo, de uma maneira ampla, em referência à preocupação "com a identificação de relações ambiente-comportamento decorrentes da história ambiental dos indivíduos e com o planejamento de uma intervenção baseada naquela identificação" (Neno, 2003).

[4] Utilizo a expressão *Análise do Comportamento* em relação ao sistema psicológico que integra produções referentes a empreendimentos que "são por vezes designados como behaviorismo radical (a filosofia), análise experimental do comportamento (a ciência) e a prestação de serviços analítico-comportamentais. Há ainda, a análise do comportamento aplicada, em um espaço intermediário entre a investigação básica e a intervenção frente a problemas específicos. Mais no terreno das produções reflexivas, há, também, os estudos históricos em análise do comportamento, com o fim de promover uma reflexão crítica acerca do próprio desenvolvimento do sistema" (Tourinho, 2006c, p. 2).

Ao caracterizar o Behaviorismo Radical, Skinner (1945) rompeu com a perspectiva mentalista, que dominava a psicologia no início do século XX, e com versões do behaviorismo de sua época que permaneciam dualistas na medida em que preservavam o conceito de mente e propunham o estudo do comportamento enquanto ação publicamente observável. Ao incluir o pensar e o sentir na noção de comportamento e, portanto, ao atribuir-lhes dimensões físicas e natureza relacional, Skinner viabiliza a aplicação dos princípios da ciência do comportamento também ao estudo de tais fenômenos (Branch, 1990; Flora, 1990; Moore, 1990; Overskeid, 2006).

Na Análise do Comportamento, a importância dos eventos privados tem sido destacada tanto no que tange a questões conceituais quanto em desdobramentos no contexto da prática clínica, por exemplo. Por outro lado, a investigação de tais eventos tem sido insuficiente para gerar resultados consistentes com os avanços referentes às relações entre respostas abertas e estímulos públicos. Essa situação é especialmente desfavorável à construção de princípios coerentes com o campo do comportamento humano, conforme discutido a seguir.

Skinner (1945) considera estímulos privados e respostas encobertas como objetos de estudo de uma ciência do comportamento. Nesse sentido, Skinner (1969, p. 228) afirma que "a pele não é tão importante enquanto limite. Eventos privados e públicos têm o mesmo tipo de dimensões físicas".

De acordo com Morf (1998, p. 40), Skinner

> [...] rejeitou, no melhor espírito da pós-modernidade, o "mundo duplo" de sujeito e objeto, interno e externo, físico e psicológico. Ele não fez qualquer distinção entre o mundo público e o privado para além de ter caracterizado este último como menos acessível.

Tourinho (2004, p. 26) indica, ainda, que

> É com a abordagem skinneriana [...] que somos levados a tomar consciência de aspectos da experiência subjetiva que a tornam original na cultura ocidental moderna; aspectos relacionados a eventos (anatomofisiológicos) que assumem um papel importante nessa cultura e com os quais o contato dos indivíduos (na forma de estimulação interoceptiva ou proprioceptiva) é diferenciado.

Skinner aborda a questão dos eventos privados ao longo de toda sua obra, tendo, por exemplo, se voltado à pesquisa básica com animais não humanos em torno do tema ansiedade (Estes; Skinner, 1941) e dedicado especial atenção ao comportamento de pensar em seu livro *Verbal behavior* (Skinner, 1992).

Paralelamente à valorização dos eventos privados, no entanto, Skinner (1965, 1992) muitas vezes aponta a análise de relações entre estímulos públicos e respostas abertas como sendo suficiente para a explicação do repertório comportamental condicionado ao longo da ontogênese. Carrara (2005, p. 368) ressalta, inclusive, que "o Skinner teórico (e não o do laboratório) acena com sua dissidência ao behaviorismo metodológico, que exclui de cena os eventos privados por sua inacessibilidade pública".

Refletindo acerca da importância dos eventos privados na aplicação dos princípios da Análise do Comportamento, Skinner (1965, p. 258) apresenta perguntas, que responde em seguida:

> [...] se algumas das variáveis independentes das quais o comportamento é função não são diretamente acessíveis, o que vem a ser de uma análise funcional? Como devem ser tratadas essas variáveis?. [...] felizmente, raramente o assunto é de importância vital no controle prático do comportamento humano. O leitor cujos interesses são essencialmente práticos e que talvez prefira agora avançar para os capítulos seguintes, pode fazê-lo sem sérios prejuízos.

Como exemplo da adoção de uma postura que prioriza a análise de eventos públicos, Skinner (1965, p. 34), em referência ao comportamento de beber, indica que

> [...] temos uma cadeia causal composta de três elos: (1) uma operação efetuada, externamente, sobre o organismo – por exemplo, privação de água; (2) uma condição interna – por exemplo, sede fisiológica ou psíquica; (3) um tipo de comportamento – por exemplo, beber.

Considerando, principalmente, que o segundo elo depende da ocorrência do primeiro, Skinner conclui que ele é irrelevante para a realização de uma análise funcional.

Em referência à noção de elos em uma cadeia causal, Catania (2003, p. 317) indica que

> Skinner reconheceu que eventos privados poderiam ser causas, conforme está implícito na afirmativa de que eles podem adquirir controle de relatos. Mas ele os considerou

apenas como causas intermediárias e, assim, menos importantes do que as causas iniciais, que devem ser encontradas no ambiente.

Possivelmente em consequência de tal quadro, "ao longo da segunda metade do século XX, o tema [eventos privados] foi excluído das pesquisas realizadas pelos analistas do comportamento" (Wilson; Hayes, 2000, p. 311). Como resultado, a explicação dos repertórios comportamentais humanos parece estar sendo construída com base na investigação de relações entre indivíduo e ambiente, no que tange à emissão de respostas abertas e estímulos públicos. Nesse sentido, segundo Carrara (2005, p. 366),

> [...] embora o behaviorismo não sofra de um reducionismo de princípio (derivado de seus pressupostos teóricos), ele padece de um reducionismo de prática. Ou seja, parece existir uma tendência à explicação dos comportamentos mais complexos (especialmente os encobertos) de uma maneira simplificada, que não é recomendada pela própria teoria, deixando de lado, inadvertidamente, grande parte do contexto e das contingências que delimitam o comportamento.

Banaco, Zamignani e Kovak (1999, p. 290) referem-se a explicações analítico-comportamentais que privilegiam respostas abertas na prática clínica:

> [...] trabalhamos com os comportamentos encobertos nas sessões clínicas e esquecemo-nos de mostrar como a análise funcional deve levar em conta esse tipo de comportamento e/ou analisá-lo. Assim, vemos como necessário retomar os porquês da importância de se estudar o comportamento encoberto na prática clínica, e mais do que isto, retomar seu papel no exercício de uma análise funcional através de pesquisas que possam levá-los em consideração.

Tendo em vista que questões referentes a eventos privados vêm gerando poucas pesquisas básicas, aplicadas e mesmo conceituais, Carrara (2005, p. 366) posiciona-se a favor da superação de tal condição, indicando que

> [...] o behaviorismo deve contrapor aos limites da pesquisa restrita às condições ultracontroladas do laboratório o direcionamento de pesquisa e artigos teóricos acerca de eventos privados enquanto comportamento humano complexo. Maior investimento nessa área certamente ampliará o espectro da compreensão das intrincadas contingências e

regras implicadas nas redes de relações entre organismo e contexto ambiental.

Da questão mais ampla, referente aos eventos privados, ganha destaque a situação possivelmente ainda mais preocupante à qual vêm sendo relegados os fenômenos emocionais. Baron e Galizio (2005, p. 89) indicam, inclusive, que "a Análise do Comportamento não formou um consenso acerca da maneira apropriada de se examinar o processo da emoção". O problema, no entanto, parece abarcar a psicologia para além das fronteiras da Análise do Comportamento. De acordo com Forsyth e Eifert (1996, p. 607),

> [...] talvez nenhuma outra faceta do comportamento humano capturou tanta atenção, no campo da psicologia, quanto a emoção. Inúmeros trabalhos foram devotados a este tópico em cada área da psicologia e, ainda assim, psicólogos permanecem indecisos acerca do que é emoção, como ela é aprendida, como funciona e como pode ser alterada na terapia.

A seguir, discorro acerca de fenômenos emocionais enquanto comportamentos tidos como complexos, e não como comportamentos respondentes ou operantes. O reconhecimento da complexidade dos fenômenos emocionais representa um avanço, tendo em vista posicionamentos que os simplificam ao extremo, como o de Moore (2000, p. 53), segundo o qual "sentimentos são comportamento. Eles são respondentes privados". Em um sentido semelhante, mas em um contexto que visava apenas diferenciar os comportamentos de "sentir" e "ver", Skinner (1965, p. 140) indica que "'sentir' [sensing] pode ser tomado para referir à mera recepção de estímulos".

A postura valorizadora da complexidade de fenômenos emocionais, no entanto, ainda não gerou resultados que possam ser tidos como suficientes para permitir que a análise do comportamento humano os abarque de maneira sistemática. Assim, análises funcionais permanecem sendo realizadas com base em relações de contingência ou mesmo em relações indiretas que não necessariamente garantem a participação de tais fenômenos como variável relevante.

Um paralelo à proposta skinneriana acerca das noções de *emoção* e *sentimento* pode ser construído com base em argumentos encontrados na literatura recente das neurociências, que identifica emoções com estados corporais referentes a ocorrências fisiológicas e sentimentos com processos verbais, cognitivos, os quais viabilizam a consciência das condições do corpo (Damásio, 2000; Iversen; Kupfermann; Kandel, 2000). Tais autores se referem a emoções enquanto processos respondentes e operantes não verbais, e a sentimentos enquanto processos operantes verbais.

Na Análise do Comportamento, termos como *emoção, sentimento, fenômeno emocional, resposta emocional* e *evento de sentir* são empregados em referência a alterações em condições corporais e a ações ou predisposições relacionadas à ocorrência de tais reações orgânicas[5]. Logo, tais termos costumam identificar fenômenos complexos, com componentes respondentes e operantes, verbais e não verbais. Neste estudo, o termo *fenômeno emocional* é adotado a fim de demarcar um posicionamento valorizador de tais interações e de sua compreensão enquanto comportamento ou relação comportamental[6]. É importante destacar, ainda, que Skinner indica que fenômenos emocionais, bem como o comportamento, de uma maneira geral, são multideterminados (Malone, 1999).

Exemplos de reconhecimento de fenômenos emocionais enquanto comportamentos complexos são citados a seguir, a fim de caracterizar a perspectiva skinneriana.

De acordo com Skinner (1969, p. 255-256),

> Dentre as coisas dentro do corpo que são sentidas estão estímulos proprioceptivos e interoceptivos. Sentimos dores de gases, músculos fracos, tonturas, contrações de fome, bexiga cheia. Também sentimos o comportamento, incluindo comportamento muito fraco e condições que precedem ou são associadas ao comportar-se. Respostas autonômicas reflexas a estímulos condicionados estão entre as emoções que são sentidas – por exemplo, "a ansiedade" evocada por um estímulo pré-aversivo. [...]
>
> Também sentimos o comportamento operante em um nível comparável. Quando dizemos "sinto vontade de ir", podemos estar relatando respostas incipientes de ir ou condições que precederam ou acompanharam o ir.

Estes e Skinner (1941, p. 392) elucidam o conceito de estado emocional e destacam a importância de observar não apenas as mudanças fisiológicas, mas também as alterações nas tendências do organismo em relação à emissão de comportamentos operantes: "algumas respostas no repertório presente serão fortalecidas e outras enfraquecidas, em graus variados". Skinner (1965,

---

[5] Apesar do uso indiscriminado de diferentes palavras em referência à ocorrência de fenômenos emocionais, Skinner (1988) paradoxalmente afirma que "por cerca de 60 anos eu requeri definições operacionais rigorosas de termos psicológicos" (p. 113).

[6] Acerca de uma interpretação de emoções, sentimentos e pensamentos enquanto *relações comportamentais*, de uma perspectiva analítico-comportamental, ver Tourinho (2006b).

p. 167) especifica a presença de componentes respondentes e operantes ao fazer a seguinte descrição de resposta fóbica:

> [...] a visão inesperada de um pássaro morto elicia respostas reflexas consideráveis – palidez, suor [...] mas há outros efeitos importantes. O comportamento de fuga será bastante poderoso. Parte dele – como se voltar ou correr – pode ser incondicionada[7] ou ter sido condicionada muito cedo na história do organismo. Outra parte – chamar alguém para retirar o pássaro, por exemplo – tem, obviamente, origem mais recente. O restante do repertório passa por uma mudança geral. Se nosso sujeito estiver jantando, observamos que para de comer ou come menos rapidamente. Será menos provável que fale com uma frequência natural, que ria, que brinque e assim por diante.

Skinner (1989, p. 75) também afirma que

> [...] há, por exemplo, um lado operante na emoção. Medo não é apenas uma resposta de glândulas e músculos lisos, mas também uma probabilidade reduzida de movimento em direção ao objeto temido e uma probabilidade aumentada de afastamento dele.

Nesse sentido, Catania (2003, p. 315) indica que, para Skinner, "condições motivacionais e emoções devem ser compreendidas em termos de eventos contextuais [*setting events*], ambientais, e não como estados internos".

Também em referência à presença de diferentes componentes de fenômenos emocionais, Guilhardi (2003, p. 229, grifos do autor), analisando o fenômeno da agressividade, explica o que considera ser uma pseudo-separação entre comportamento e emoção ou sentimento:

> [...] existem *componentes operantes* (os quais, usualmente, são referidos como comportamentos), bem como *respondentes* e *estados corporais* (os quais, usualmente, são nomeados de emoções e sentimentos) que, em interação, resultam no que se denomina agressividade.

---

[7] Tanto a utilização dos termos *incondicional* e *condicional*, quanto de *incondicionado* e *condicionado* tem sido frequente, na literatura da análise do comportamento, em referência a relações respondentes. Catania (1998, p. 382), no entanto, indica que *condicional* "é uma alternativa geralmente preferida a *condicionado*". Por outro lado, Catania utiliza continuamente ambos os termos ou mesmo apenas o termo *condicionado*, como no caso da referência ao significado de "*resposta emocional condicionada*". Neste estudo, adoto os termos *incondicionado* e *condicionado*, seguindo a opção mais utilizada por Skinner, ao longo de sua obra, mesmo após ele ter afirmado que passaria a utilizar o termo "*reflexos condicionais*" (Skinner, 1966, p. 74).

Catania (1998, p. 213) afirma que

> [...] um estímulo que preceda sistematicamente ou sinalize um choque pode não apenas eliciar flexões de pata; ele pode também interferir no comportamento que esteja sendo mantido por suas consequências, como o pressionar a barra mantido por reforço alimentar. Algumas vezes descrevemos comportamentos comparáveis em humanos com base no medo ou na ansiedade; assim, procedimentos como esses são frequentemente considerados como relevantes para a emoção.

As incertezas persistentes em torno da condução de análises funcionais sistemáticas que abordem os fenômenos emocionais podem ser atribuídas, pelo menos em parte, aos componentes respondentes desses fenômenos, dada a ênfase nas relações entre resposta e consequência que define o modelo selecionista. Pretendo fundamentar tal perspectiva, a seguir, por meio de referências ao histórico da elaboração do modo causal de seleção por consequências e ao papel central por ele assumido no âmbito da proposta skinneriana de análise comportamental, bem como pela apresentação de questões referentes a relações entre a evolução de características inatas e a ocorrência de seleção ontogenética e cultural.

O modo causal de seleção por consequências retrata a identificação de semelhanças entre o mecanismo darwiniano de evolução filogenética por seleção natural, o condicionamento de respostas ao longo da ontogênese e a evolução das culturas. Nesse sentido, o comportamento humano é tido como o produto dos três níveis de seleção — filogenético, ontogenético e cultural (Skinner, 1984a).

Acerca do histórico da elaboração do modo causal de seleção por consequências, Micheletto (1995) indica que

> As referências aos supostos da teoria da evolução por seleção natural começam a aparecer a partir da distinção entre reflexos respondentes e operantes [em 1935] (p. 148).
>
> Já em 1947, Skinner se referia à determinação do comportamento a partir de uma conjunção de várias determinações – a genética, a história individual e o ambiente social, destacando que o ambiente social é um feito humano e que consequentemente grande parte do comportamento humano é feito por humanos (p. 161).

De acordo com Catania (2003), com o livro *Science and Human Behavior* (Skinner, 1965, p. 314), ocorreu uma "mudança profunda de uma perspectiva ancorada nas ciências físicas para uma outra, enraizada organicamente na biologia [...] [por meio de] uma das primeiras referências de Skinner à analogia entre seleção filogenética e operante ou ontogenética". É interessante perceber que tal mudança foi acompanhada de uma ampliação geral na perspectiva de análise até então adotada por Skinner, tendo em vista que

> [...] mais de um terço do livro é dedicado a temas que até então não eram sistematicamente abordados pela psicologia; na divisão das ciências, pertenciam à antropologia, ciência política, direito, economia, sociologia, etc. Skinner não respeita essas fronteiras na busca de um comportamento desgarrado: o psicólogo dever ir aonde o comportamento está (Todorov, 2004, p. 153).

A partir de 1961, Skinner apresenta o reforço operante "como um tipo inédito de causalidade, que se origina da proposta de Darwin da teoria da evolução por seleção natural" (Micheletto, 1995, p. 169). O amadurecimento da noção de seleção por consequências, na década de 1970, culmina com sua sistematização final no artigo "Selection by Consequences" (Skinner, 1984a).

Vale ressaltar que, em resposta a uma crítica de Dahlbom (1984), que se refere aos argumentos skinnerianos a favor da "metáfora da 'seleção natural'" (p. 484) como pouco convincentes, Skinner (1984b, p. 503) afirma:

> Não escolhi a metáfora da "seleção natural" para descrever o condicionamento operante. Pesquisei a seleção de comportamento por consequências por muitos anos antes da similaridade com a seleção natural ter sugerido a si própria. A seleção não é uma metáfora, modelo ou conceito; ela é um fato. [...] Portanto, posso reivindicar que minha "teoria de seleção por consequências" se sustenta sem o amparo da teoria de Darwin.

De acordo com Skinner (1987, p. 10),

> [...] a teoria da evolução é uma interpretação, mas está fortemente embasada em uma ciência na qual predição e controle são possíveis - a ciência da genética. A análise experimental do comportamento é a 'genética' das culturas humanas.

A importância de tal modelo explicativo para a compreensão da perspectiva skinneriana também foi ressaltada por Sério (2001, p. 165-166): "é quase impossível, hoje, falarmos de Behaviorismo Radical sem mencionar este modelo causal; nele encontramos a mais contundente resposta às propostas de buscar no interior do organismo as causas do comportamento".

Skinner (1984a) considera que a seleção filogenética de relações respondentes ou reflexas foi acompanhada pela seleção da sensibilidade ou susceptibilidade ao reforçamento, resultando na ocorrência de condicionamentos respondentes e operantes durante a vida de cada indivíduo, o que favorece a sobrevivência da espécie em ambientes em constante mudança. Em se tratando da ontogênese, Skinner (1984c, p. 218) destaca o papel do condicionamento respondente e operante enquanto "processos [que] evoluíram, colocando o indivíduo sob controle de ambientes aos quais apenas ele próprio é exposto". Além disso, aponta a imitação e a modelação como importantes produtos evolutivos por meio dos quais o comportamento passa a mudar, ao longo da vida dos indivíduos, provendo-os, no entanto, apenas de um repertório anteriormente adquirido por quem serve de modelo.

Quanto ao condicionamento respondente,

> [...] respostas elaboradas anteriormente pela seleção natural puderam ficar sob controle de novos estímulos. Através de condicionamento operante, novas respostas puderam ser fortalecidas ("reforçadas") por eventos imediatamente posteriores a elas (Skinner, 1984a, p. 12).

Micheletto (1995, p. 163) apresenta tal questão, indicando que

> A seleção produziu o condicionamento reflexo – que amplia os estímulos que poderiam controlar respostas resultantes da seleção natural – e o operante – que fortalece novas respostas que tornaram possível a reprodução sob uma variedade maior de condições —, acompanhados de uma suscetibilidade a reforçamento.

Diferentes termos vêm sendo propostos no que tange à seleção comportamental na ontogênese. Catania (1998) refere-se à *seleção operante*, e Donahoe e Palmer (1994)[8], à *seleção por reforçamento*. Baum (1994, p. 63) afirma, por seu turno, que "um princípio análogo [ao da filogênese] é válido para a ontogênese através de reforço e punição; ele é conhecido como a *lei do efeito*". Skinner (1965) também utiliza os termos *Lei do Efeito* e *condicionamento operante* como sinônimos. Todas as denominações atribuídas à seleção ontogenética demonstram a estreita ligação entre selecionismo skinneriano

---

[8] Acerca de relações entre as propostas de Donahoe e seu grupo de trabalho e o cognitivismo, ver Cavalcante (1997).

e comportamento operante, o que, de acordo com Moxley (1996), demarca o afastamento de Skinner do mecanicismo.

Quanto à perspectiva skinneriana acerca da cultura, Todorov (2004, p. 153) a apresenta por meio de um resumo dos dois primeiros níveis de determinação comportamental.

> Com "Ciência e comportamento humano" (Skinner, 1965), Skinner abre uma terceira visão do processo de seleção pelas consequências. Vimos que para as espécies o processo resulta na sobrevivência de indivíduos com determinadas características. Para o indivíduo a seleção de respostas por suas consequências modela um repertório comportamental a partir das possibilidades dispostas pela herança genética e das regras da sociedade à qual pertence. Em 1953, Skinner começa a analisar como um processo semelhante atua na evolução das culturas.

Skinner (1986a, p. 115) considera, portanto, que também "a evolução de um ambiente social ou cultura recebe suporte [explicativo] da análise experimental do comportamento". Nesse sentido, Skinner (1984a) indica que agrupamentos humanos viabilizaram a organização de diferentes culturas nas quais cada indivíduo passa a usufruir da aprendizagem de outros, destacando, em tal contexto, o papel desempenhado pelo comportamento verbal e indicando que a sobrevivência de regras e costumes também depende das relações estabelecidas com as consequências que geram para o grupo.

Em outros termos, "o efeito no grupo, não as consequências reforçadoras para os membros, individualmente, são responsáveis pela evolução da cultura" (Skinner, 1984a, p. 478). No mesmo sentido, Skinner (1986a, p. 122) apresenta o rir e o chorar como exemplos de comportamentos que "devem ter evoluído por causa de seus efeitos sobre outros, ao invés de por causa dos efeitos diretos sobre quem ri ou chora".

Skinner (1984c, p. 221), em linhas gerais, além de considerar o papel dos processos de imitação operante e modelação, destaca que "a cultura pode ser definida como as contingências de reforçamento social mantidas por um grupo [...] [as quais] contribuem para a sobrevivência do grupo e são perpetuadas por causa disso". Em outros termos, "a consequência de práticas desse tipo [culturais] é a própria perpetuação da cultura e das práticas que a compõem" (Dittrich; Abib, 2004, p. 428).

Neste estudo, para além de relações respondentes selecionadas ao longo da filogênese e que, assim, compõem o repertório incondicionado da espécie, é tido como fundamental o papel de variáveis ontogenéticas para a compreensão de fenômenos emocionais condicionados ao longo da ontogênese, cuja complexidade deriva justamente da participação de componentes respondentes e operantes para sua ocorrência.

Enfatizo também a presença de condicionamento de segunda ordem ou de ordem superior, definido como aquele "condicionamento respondente no qual o estímulo que funciona como o US [estímulo incondicionado] que produz um reflexo condicionado é, ele próprio, o CS [estímulo condicionado] de outro [reflexo condicionado]" (Catania, 1998, p. 392). Além disso, este estudo remete à participação de operantes verbais enquanto componentes de fenômenos emocionais e, assim, de variáveis referentes também ao terceiro nível de seleção.

Considerando a problemática aqui traçada, esta obra foi direcionada pelo seguinte objetivo geral: desenvolver uma proposta de interpretação de fenômenos emocionais condicionados à luz do modo causal de seleção por consequências. Em termos de objetivos específicos, destaco: analisar inter-relações entre processos respondentes e operantes para a compreensão de fenômenos emocionais; apresentar um modelo interpretativo de fenômenos emocionais condicionados em consonância com os princípios básicos da Análise do Comportamento, de uma maneira geral, e com o modo causal de seleção por consequências, em particular; e contrastar o modelo interpretativo de fenômenos emocionais condicionados a exemplos de realização de análise funcional na literatura da Análise do Comportamento, de maneira a avaliar se ele favorece a identificação e a análise das variáveis relevantes.

A título de introdução, discuti o papel que os eventos privados ocupam na Análise do Comportamento, com destaque à definição de fenômenos emocionais e à elaboração do modo causal de seleção por consequências. Os processos de busca, seleção e análise da literatura utilizada são detalhados no capítulo "Percursos da pesquisa". Daí seguem seções referentes à proposta operante, com a apresentação de discussões acerca da distinção entre processos respondentes e operantes, da definição de comportamento, de temas relacionados às definições das contingências operantes, bem como da investigação de múltiplas funções de eventos organísmicos e ambientais; à proposição de um modelo interpretativo de fenômenos emocionais a partir de inter-relações entre processos respondentes e operantes, seguida da relação entre tais fenômenos e o modo causal de seleção por consequências; e à aplicação do modelo interpretativo de fenômenos emocionais a argumentações disponíveis na literatura da Análise do Comportamento. As considerações finais reúnem proposições favoráveis à compreensão e/ou ampliação da coerência interna do sistema explicativo skinneriano, a partir de análises que levam em conta inter-relações entre processos respondentes e operantes na explicação de fenômenos emocionais, apontando questões que requerem investigação futura.

A perspectiva de investigação deste estudo o caracteriza enquanto análise conceitual. Em linhas gerais, adotando uma abordagem crítica da literatura da Análise do Comportamento, parto do pressuposto de que, "se um conjunto adequado de princípios não existe para nortear a psicologia aplicada, psicólogos da área aplicada necessitam desenvolver possíveis explicações e então apresentar a análise resultante ao campo básico" (Hayes; Berens, 2004, p. 346), conforme detalhado a seguir.

2

PERCURSOS DA PESQUISA

Este estudo parte da investigação da adequação do modo causal de seleção por consequências para a explicação de fenômenos emocionais, sendo desenvolvido enquanto análise conceitual, com características de uma revisão crítica da literatura da Análise do Comportamento. A abordagem inicial do tema culmina com a proposição de um modelo interpretativo que, considerando inter-relações entre processos respondentes e operantes no contexto de contingências tríplices, demonstra como fenômenos emocionais, enquanto comportamentos com componentes operantes e respondentes, afetam outras respostas operantes e são afetados por elas. Tal modelo foi contrastado a exemplos de realização de análises funcionais presentes na obra de B. F. Skinner e no contexto geral da Análise do Comportamento.

A obra de Skinner foi escolhida como fonte principal de pesquisa porque dela partem a proposta de distinção respondente-operante e a adoção do modelo selecionista de análise. Skinner desenvolveu muitos de seus conceitos ao longo de sua obra, o que explica a utilização, neste estudo, de textos diferentes em referência a um mesmo assunto.

A revisão de obras de outros autores, além de Skinner, é incluída a fim de garantir a atualidade das conclusões verificadas no âmbito da Análise do Comportamento, bem como a diversidade que caracteriza a área. Os processos de busca, seleção e análise da literatura utilizada são detalhados a seguir.

2.1 LEVANTAMENTO E SELEÇÃO DE MATERIAL BIBLIOGRÁFICO

O material bibliográfico analisado, publicado até 2006, abrange artigos em periódicos científicos em língua estrangeira e em português, bem como livros e capítulos de livros, incluindo manuais, teses e dissertações. A seleção da literatura consultada deriva da leitura dos títulos das obras e, quando necessário, dos respectivos resumos.

Artigos publicados em periódicos científicos em língua estrangeira foram localizados, inicialmente, por meio da base de dados *PsycINFO*, principal ferramenta de busca eletrônica oferecida pela *American Psychological Association* (APA) e disponibilizada no Portal de Periódicos da Capes.

PsycINFO oferece acesso aos resumos e a cópias eletrônicas de textos, permitindo buscas refinadas por meio de termos relacionados entre si segundo critérios de "e", "ou" e "não", no contexto de 28 bases de dados. O período abarcado por cada base de dados varia de acordo com as publicações cobertas, sendo 1806 o ano mais antigo.

Realizei a busca de artigos por meio da combinação do termo *behavior analysis* com cada uma das seguintes palavras: *feelings, emotion, private events* e *selection by consequences*. Dos 37 artigos selecionados, 12 foram utilizados na construção deste estudo. Foram excluídos artigos cuja área ou foco de investigação era outro que não a Análise do Comportamento ou, em particular, as questões de interesse deste estudo.

Artigos também foram localizados por meio de procedimento de busca em periódicos científicos em língua estrangeira, em seus respectivos sites. Verifiquei todos os títulos de artigos publicados a partir do ano 2000 em três periódicos que ocupam uma posição de destaque no contexto geral da Análise do Comportamento: *Journal of Applied Behavior Analysis* (JABA), *Journal of the Experimental Analysis of Behavior* (JEAB) e *The Behavior Analyst* (TBA). Como procedimento complementar, as seções de referências orientaram a identificação de outros artigos, inclusive publicados anteriormente ao ano 2000 e em outros periódicos (*American Psychologist, Behavior and Philosophy, Behaviour Research and Therapy, Clinical Psychology Review, Experimental Analysis of Human Behavior Bulletin, International Journal of Psychology and Psychological Therapy, Journal of Behavior Therapy and Experimental Psychiatry, Journal of Mind and Behavior, Journal of Organizational Behavior Management, Behavioral and Brain Sciences* e *The Psychological Record*).

No caso dos procedimentos citados, a localização de artigos foi baseada na presença de palavras que indicavam referência a questões voltadas a eventos privados ou ao modo causal de seleção por consequências. Dentre os 65 artigos localizados, 42 foram utilizados. Versões completas de muitos dos artigos foram localizadas na internet por meio dos sites específicos dos periódicos, do próprio Portal da Capes e de sites de busca como o *PubMed* e o *FindArticles*.

Três periódicos científicos em português, categorizados como nacionais, os quais também estão disponíveis na biblioteca eletrônica SciELO

Brazil, foram consultados para a busca de referências nesta pesquisa: *Estudos de Psicologia (Natal)*, *Psicologia: Reflexão e Crítica* e *Psicologia: Teoria e Pesquisa*. Os índices dos sites desses periódicos viabilizaram a seleção de artigos com base em seus títulos, utilizando os períodos de publicação durante os quais os textos completos estão disponíveis online (entre 2000 e 2005, no caso do periódico *Psicologia: Teoria e Pesquisa*, e entre 1997 e 2005, nos outros dois).

Assim como ocorreu em relação aos periódicos em língua estrangeira, as seções de referências dos artigos dos periódicos em português localizados de início foram utilizadas para a identificação de outros textos de interesse, inclusive em outros periódicos (Cadernos de Análise do Comportamento, Ciência e Cultura, Interação em Psicologia, e Revista Brasileira de Terapia Comportamental e Cognitiva) e para além do período inicialmente adotado. Foram reunidos, desse modo, um total de 16 artigos, dos quais 12 foram utilizados neste estudo.

Em linhas gerais, por meio dos diferentes procedimentos de busca utilizados, localizei 118 artigos publicados em periódicos científicos em língua estrangeira e em língua portuguesa, dos quais 64 foram utilizados.

Livros, manuais, teses e dissertações de autores outros, que não Skinner, foram selecionados, principalmente, a partir de referências a eles nos artigos inicialmente investigados. Em contraposição a artigos científicos, que apresentam conteúdos completos, porém em espaço limitado, livros permitem um maior desdobramento e aprofundamento de temas inter--relacionados. Os materiais aqui incluídos foram utilizados na construção deste estudo em sua totalidade.

Os seis livros escolhidos retratam a virada do século XX para o XXI no que tange à apresentação de questionamentos e a revisões de posicionamentos teóricos e princípios básicos da Análise do Comportamento ou a propostas de aplicação da Análise do Comportamento no contexto clínico.

Dos seis manuais escolhidos, quatro representam os posicionamentos adotados pela Análise do Comportamento do final dos anos 1990 ao início do século XXI, em contraste a dois outros, da segunda metade do século XX. Considerei, em concordância com Baron e Galizio (2005, p. 95), que "livros-texto têm um papel vital no empreendimento científico: eles representam uma maneira importante de passar o conhecimento obtido em um campo para a próxima geração".

Selecionei, ainda, quatro capítulos de livros e três capítulos da coleção *Sobre Comportamento e Cognição*, publicada pela Associação Brasileira de

Psicoterapia e Medicina Comportamental. Os sumários da coleção estão disponíveis on-line[9]. Três teses, sendo duas de doutorado e uma de Professor Titular, e duas dissertações de mestrado foram acrescentadas por apresentarem ampla revisão da literatura da Análise do Comportamento relacionada com o tema do presente estudo. Reuni, assim, 24 obras dessa natureza.

Do conjunto de títulos que compõem a obra de Skinner (Andery; Micheletto; Sério, 2004), selecionei e utilizei 26 (17 artigos e nove livros) por sua relevância na apresentação de fenômenos emocionais, do modo causal de seleção por consequências ou de análise de contingências. A escolha do material foi orientada por referências presentes nos textos de outros autores ou do próprio Skinner. Considero importante destacar os livros utilizados, com os anos de publicação original, de modo a oferecer maior clareza quanto ao período investigado: *The behavior of organisms* (1938), *Science and human behavior* (1953), *Verbal behavior* (1957), *The analysis of behavior: A program for self-instruction* (1961, com J. G. Holland), *Contingencies of reinforcement: A teorethical analysis* (1963), *Beyond freedom and dignity* (1971), *About behaviorism* (1974), *Upon further reflection* (1987), *Recent issues in the analysis of behavior* (1989).

2.2 ANÁLISE DAS INFORMAÇÕES COLETADAS

Quanto à análise das informações coletadas, o delineamento dos objetivos deste estudo permitiu a elaboração de categorias de registro e, a partir delas, a definição de categorias de análise, resultando na seguinte construção: *categorias de registro*: fenômenos emocionais, modo causal de seleção por consequências, processos respondentes e operantes e realização de análises funcionais; *categorias de análise*: múltiplas funções de eventos organísmicos e ambientais, relações entre fenômenos emocionais e a emissão de respostas operantes, em uma perspectiva selecionista, inter-relações entre processos respondentes e operantes na realização de análises funcionais, bem como exemplos de realização de análises funcionais na literatura da Análise do Comportamento.

Os temas de interesse foram agrupados de maneira a facilitar não apenas novas elaborações, como também possíveis ampliações nas perspectivas já demarcadas. Os capítulos e as seções que compõem este livro refletem a reunião de argumentos que se seguem e se completam, em uma tentativa de deles derivar conclusões mais abrangentes.

---

[9] Disponível em: http://www.esetec.com.br/.

3

PROPOSTA OPERANTE

Harzem (2002, p. 64) considera que "Skinner foi o primeiro a inovar em instrumentação e método no Behaviorismo Radical e, até agora, também o último". Questionamentos acompanham, no entanto, os princípios propostos por Skinner, de maneira que Carrara (2005, p. 14-15) resume a situação atual, indicando que o Behaviorismo Radical

> [...] tem convivido, nos últimos anos, com a inadiável incumbência de reorganizar e atualizar uma parte significativa de seus pressupostos e condutas sem, contudo, descaracterizar-se ou descaracterizar a parcela valiosa de suas conquistas atrelada à possibilidade de uma ciência objetiva do comportamento humano. Essa fase faz constatar a necessidade de uma revisão da literatura crítica acerca do behaviorismo [...] [na busca] de novas estratégias behavioristas de ação destinadas a consolidar-se como alternativas científicas que podem compartilhar ainda muito mais dos principais valores de uma sociedade justa e igualitária.

Os questionamentos que permanecem sendo dirigidos à Análise do Comportamento são indicativos da necessidade de revisão da literatura da área, no sentido de se demonstrar a importância dos princípios que a caracterizam para que se alcancem os objetivos propostos.

Neste capítulo, são abordados temas centrais da Análise do Comportamento com a função de favorecer a compreensão da ocorrência de inter-relações entre processos respondentes e operantes, o que constitui um fator fundamental para a apresentação do modelo interpretativo de fenômenos emocionais, no capítulo 4. Nesse sentido, a proposta operante é investigada com base (a) na distinção entre processos respondentes e operantes; (b) na definição de comportamento e das diferentes contingências operantes; e (c) em múltiplas funções de eventos organísmicos e ambientais, com destaque ao papel atribuído a variáveis contextuais.

3.1 DISTINÇÃO RESPONDENTE-OPERANTE

O papel central atribuído ao operante por Skinner é apresentado, a seguir, a partir da discussão da proposta de diferenciá-lo de respondentes, demarcando relações ambiente-comportamento que, respectivamente, dependem ou independem das consequências que geram. São encadeados, nesta seção, temas ligados à distinção entre respondentes e operantes, à ênfase skinneriana no operante e, assim, ao papel secundário atribuído a respondentes, e às consequências daí geradas nas áreas de pesquisa e aplicação no âmbito da Análise do Comportamento.

A partir do encadeamento dos temas, e considerando a perspectiva pragmática adotada por Skinner, também referida nesta seção, pelo menos duas leituras são possíveis: (a) a distinção entre respondentes e operantes permite a constatação de que a análise destes é suficiente para a explicação comportamental na ontogênese; e (b) tal distinção é necessária para a compreensão isolada de cada processo e, principalmente, de inter-relações entre ambos, o que viabiliza a análise de um conjunto complexo de influências entre variáveis ambientais e comportamentais.

Privilegiar a análise de relações entre resposta e consequência, em detrimento das relações respondentes, parece fragilizar a proposta de compreensão do ser humano em sua totalidade. Considero, portanto, que a segunda alternativa favorece a explicação comportamental, de uma maneira geral e, em especial, a explicação de fenômenos emocionais, conforme detalhado no capítulo 4.

A distinção entre respondentes e operantes, assim como a própria noção de contingência, foi apresentada por Skinner (1937) no artigo "Two types of conditioned reflex: A reply to Konorsky and Miller"[10]. De acordo com Thompson (2005, p. 102),

> Sherrington (1906) propôs o arco reflexo como sendo a unidade de análise do funcionamento do sistema nervoso. Skinner aspirou identificar uma unidade fundamental de análise comparável, na psicologia. Na sua tese, que foi editada como o livro The Behavior of Organisms, Skinner argumentou que o reflexo (sem a bagagem hipotética do arco reflexo) era tal unidade. Posteriormente ele abandonou o termo

---

[10] Lattal (1995, p. 222) destaca o papel das contingências descritas por Skinner como "uma das principais realizações da ciência comportamental do século XX".

reflexo, substituindo-o por comportamento respondente e operante, os quais ele originalmente descreveu como sendo dois tipos de reflexos.

Skinner (1981, p. 244) indicou que percebeu a diferença entre processos respondentes e operantes quando passou a

> [...] reforçar apenas intermitentemente. Pavlov achou muito difícil manter comportamento se o alimento não fosse sempre pareado com o estímulo condicionado, mas ratos pressionavam uma barra rapidamente e por longos períodos embora o reforçamento fosse infrequente.

Portanto, no caso de respondentes, ocorre extinção da resposta condicionada após períodos de apresentação do estímulo condicionado na ausência do estímulo incondicionado, enquanto, no caso de operantes, o reforçamento intermitente apresenta um efeito oposto, tornando a resposta mais resistente à extinção. A verificação de que um mesmo procedimento (apresentação intermitente do estímulo reforçador) leva a resultados opostos foi um indicativo de que se estava diante de dois processos comportamentais diferenciados.

Em linhas gerais, relações respondentes e operantes são diferentes; as respondentes envolvem reações a estímulos antecedentes, enquanto as operantes são estabelecidas na medida em que respostas alteram o ambiente, tornando-se mais prováveis quando são reforçadas. Nesse sentido, operantes são diretamente relacionados ao modo causal de seleção por consequências[11].

Segundo Skinner (1965, p. 65), "no experimento pavloviano, [...] um reforço é associado a um *estímulo*, enquanto, no comportamento operante, é contingente a uma *resposta*. O reforçamento operante é, portanto, um processo distinto e requer uma análise distinta".

Skinner (1938, p. 178-179) indicou, acerca da noção de contingência operante, que

> [...] três termos têm que ser considerados: um estímulo discriminativo anterior (SD), a resposta (R0), e o estímulo reforçador (S1). [...] Embora um operante condicionado seja o resultado da correlação da resposta com um reforçamento particular, uma relação entre ele e um estímulo discriminativo atuando antes da resposta é a regra quase universal.

---

[11] Todorov (2002) detalha como Skinner se afasta da definição de operante, no decorrer de sua obra, passando a enfatizar o conceito de contingência.

Posteriormente, Skinner (1993, p. 73) chamou diretamente a atenção para a

> [...] confusão [que] pode ser vista na alegação de que o condicionamento respondente e o operante representam um único processo [...] Os arranjos ambientais que produzem um reflexo condicionado são bastante diferentes dos que produzem o comportamento operante.

Mais especificamente, Skinner (1965, p. 125) afirmou que

> O ambiente é construído de tal maneira que certas coisas tendem a ocorrer juntas. O organismo é construído de tal maneira que seu comportamento muda quando ele entra em contato com tal ambiente. Há três casos principais: (1) Certos eventos – como a cor e o gosto da fruta madura – tendem a ocorrer associados. O condicionamento respondente é o efeito correspondente sobre o comportamento (2) Certas atividades do organismo efetuam certas mudanças no ambiente. O condicionamento operante é o efeito correspondente sobre o comportamento (3) Certos eventos são as ocasiões nas quais certas ações efetuam certas mudanças no ambiente. A discriminação operante é o efeito correspondente sobre o comportamento. Como resultado desses processos, o organismo que se encontra em um novo ambiente acaba por vir a comportar-se de um modo eficiente.

Um exemplo da argumentação skinneriana:

> [...] no nosso experimento com o pombo, através de reforço do movimento de estirar o pescoço diante de um sinal luminoso, e do não-reforço, para extinção, diante da luz apagada [...] podemos demonstrar uma conexão estímulo-resposta que é grosseiramente comparável a um reflexo condicionado ou incondicionado: o aparecimento da luz será rapidamente seguido por um movimento da cabeça para cima. Mas a relação é, fundamentalmente, muito diferente. Ela tem uma história diferente e propriedades atuais diferentes. Descrevemos a contingência dizendo que um estímulo (a luz) é a ocasião na qual uma resposta (estirar o pescoço) é seguida por reforço (com alimento). Precisamos especificar os três termos (Skinner, 1965, p. 107-108)[12].

---

[12] Acerca da prática experimental de Skinner ter sido marcada pela presença de sujeitos não humanos, ele afirma que "não podemos descobrir o que é 'essencialmente' humano até que tenhamos investigado temas não humanos" (Skinner, 2002, p. 201-202). Complementando tal perspectiva, vale considerar a seguinte afirmativa de Skinner

Considerando as diferenças entre respondentes e operantes, e tendo em vista que respondentes são eliciados e involuntários, Skinner (1993, p. 58-60) apresentou as seguintes observações acerca dos termos *emissão* e *voluntário* na caracterização de operantes:

> Para distinguir um operante de um reflexo eliciado, dizemos que a resposta operante é "emitida" (Talvez fosse melhor dizer, simplesmente, que ela aparece, uma vez que emissão pode implicar que o comportamento existe dentro do organismo e, então, sai. Mas a palavra não precisa significar expulsão; a luz não está no filamento quente antes de ser emitida). A característica principal é que parece não ser necessário um evento causal anterior [...].
>
> O comportamento operante é dito voluntário, mas, na verdade, ele não é um comportamento sem causa; a causa é, simplesmente, mais difícil de ser reconhecida.

Em uma perspectiva contrária à distinção skinneriana entre os dois processos, Morf (1998, p. 33) indicou que "o comportamento não pode ser nitidamente dividido em respondentes e operantes". Catania (1998, p. 400), por seu turno, ressaltou que

> [...] poucas respostas [...] são exclusivamente emitidas ou exclusivamente eliciadas. Classes operantes e respondentes são mais bem consideradas como extremos de um *continuum* ao longo do qual varia a probabilidade de que um estímulo produza uma resposta.

Donahoe e Palmer (1994, p. 34-35), partindo de uma definição própria de operante, também discordam da proposta de Skinner.

> No campo da aprendizagem, respostas que sempre são evocadas por um estímulo específico [...] são conhecidas como respondentes. Respostas que são menos confiavelmente evocadas por estímulos [...] ou para as quais o estímulo não esteja bem especificado, são conhecidas como operantes. Respondentes e operantes não são dois tipos diferentes de relações ambiente-comportamento, mas duas regiões diferentes ao longo de um continuum de relações que variam quanto à precisão com que o estímulo pode ser especificado e à certeza com que o estímulo evoca a resposta.

(1938, p. 441): "a importância de uma ciência do comportamento deriva amplamente da possibilidade de uma eventual extensão a ocorrências humanas".

Desse modo, Donahoe, Palmer e Burgos (1997, p. 198-199) apontam a necessidade de

> [...] um tratamento teórico unificado do processo de condicionamento, com o controle ambiental do responder enquanto resultado cumulativo de ambos os procedimentos [...] [posto que] a diferença de procedimento não precisa implicar processos de condicionamento diferentes.

Para além da questão referente à presença de diferenças entre respondentes e operantes, Carrara (2005, p. 109-110) destacou o papel do organismo nas relações estabelecidas com o ambiente:

> Naturalmente, em alguns casos (especialmente naqueles de comportamentos designados *emocionais*), a integração que o organismo faz de operantes e respondentes é amplamente identificável. Na verdade, a divisão se dá a partir da forma de controle e consequente interação com o ambiente. Contudo, não há que se pensar no organismo como algo em si subdividido nessas duas facetas, mas como um ser que está, a um só tempo, expressando-se por diferentes vias.

Guilhardi (2003, p. 233) levou em conta as perspectivas mais recentes, mas favoreceu o posicionamento skinneriano ao indicar que,

> [...] embora a distinção entre operante e respondente não seja absoluta, a separação seja essencialmente didática e haja até mesmo entre ambos uma superposição respondente-operante, pode-se afirmar que em alguns níveis cada qual tem propriedades e funcionalidades próprias.

Um segundo ponto de destaque refere-se à ênfase skinneriana no operante, no contexto da elaboração do modelo selecionista. Skinner (1985, p. 291), por exemplo, indicou que "a antiga fórmula estímulo-resposta foi uma tentativa de dar ao ambiente um papel iniciador, mas foi abandonada há muito. O ambiente *seleciona* o comportamento". No mesmo sentido, afirmou, em dois livros da década de 1950, que

> Os reflexos, condicionados ou não, referem-se principalmente à fisiologia interna do organismo. Estamos frequentemente mais interessados, no entanto, no comportamento que produz algum efeito no mundo ao redor. Tal comportamento origina a maioria dos problemas práticos nos assuntos humanos e é também de um interesse teórico especial por causa de suas características singulares (SKINNER, 1965, p. 59).

> Os tipos de comportamento nos quais geralmente estamos interessados têm [...] um efeito sobre o ambiente, o qual tem um efeito de feedback sobre o organismo (Skinner, 1992, p. 20).

A esse respeito, Skinner (1938, p. 438) questionou se "o comportamento respondente, que é envolvido sobretudo na economia interna do organismo, não pode razoavelmente ser deixado ao fisiologista". Cinco décadas depois, Skinner (1984a) ainda relacionava o estudo do condicionamento operante à psicologia, enquanto disciplina, em referência à aplicação do modo causal de seleção por consequências à ontogênese.

Skinner (1990, p. 1207) explorou aspectos que, no mundo atual, são preocupantes — incluindo aí o próprio uso da ciência — e chegou a ressaltar que "o fato de que uma cultura prepara um grupo só para um mundo que se parece com o mundo no qual a cultura evoluiu é uma fonte de nossas preocupações atuais com um mundo habitável no futuro". Partindo de tal perspectiva, destacou a importância de uma ciência do comportamento, advinda da responsabilidade a ela atribuída: o estudo da seleção por consequências durante a ontogênese, com destaque ao condicionamento operante. A esse respeito, Skinner (1984a, p. 14) afirmou que

> Apenas o segundo [nível de variação e seleção], o condicionamento operante, ocorre em uma velocidade na qual pode ser observado de momento a momento. Condicionamento operante é seleção em curso. Ele assemelha-se a centenas de milhões de anos de seleção natural ou milhares de anos de evolução de uma cultura comprimidos em um período de tempo muito curto.

Skinner (1990, p. 1210) considerou, por conseguinte, que o conhecimento do mecanismo característico do condicionamento operante permitiria a criação de formas de ação socialmente favoráveis ao futuro da humanidade.

> [...] a Análise do Comportamento [...] poderia ajudar de duas maneiras: pela clarificação das contingências de reforçamento [...] e por tornar possível o delineamento de ambientes melhores: ambientes pessoais que poderiam solucionar os problemas existenciais e ambientes maiores ou culturas nas quais haveria menos problemas.

Também de acordo com Baum (1994, p. 208),

> No contexto de tais contingências sociais, imposições morais e éticas constituem estímulos discriminativos verbais (regras)

que resultam em reforço ou punição social. A Análise do Comportamento pode ajudar nossa sociedade a trabalhar por uma "vida plena", oferecendo formas de identificar e implementar melhores contingências sociais.

Markham *et al.* (1996, p. 7) chamam a atenção para o fato de o condicionamento respondente estar sendo relegado a um segundo plano no contexto geral da Análise do Comportamento, dada a ênfase em relações operantes.

> [...] o interesse no condicionamento respondente [...] tem diminuído substancialmente nos últimos trinta anos, um resultado que Rescorla (1988) atribui a dois equívocos amplamente mantidos em relação ao condicionamento respondente. Um é que o condicionamento respondente já está bem compreendido e não precisa mais de investigação. Outro é que o condicionamento respondente é um processo simples e mecânico, construído em torno da contiguidade de estímulos.

O direcionamento dos estudos da Análise do Comportamento principalmente a processos operantes parece acarretar desvantagens na aplicação da Análise do Comportamento ao contexto clínico. Guilhardi (2003, p. 242, grifos do autor), por exemplo, ressaltou que "a terapia comportamental tem sido exageradamente operante e precariamente respondente. *Precisamos aprender mais sobre as leis que regem os comportamentos respondentes*".

Além disso, vale ressaltar que, ao se considerar a definição de operante, em contraposição à de respondente, bem como os desdobramentos daí resultantes, não se deve perder de vista a perspectiva pragmática[13] que permeia a obra de Skinner e que caracteriza o seguinte posicionamento:

> O campo do comportamento humano pode ser convenientemente subdividido com relação aos problemas que apresenta e aos termos e métodos correspondentes a serem usados. Uma distinção útil pode ser feita entre reflexos, condicionados ou de outro tipo, e comportamento operante gerado e mantido

---

[13] A respeito da perspectiva pragmática adotada por Skinner, ressalto a seguinte observação: "no mesmo artigo inicial em que Skinner destaca a importância do determinismo no reflexo, Skinner (1931, 1972) também defendeu uma perspectiva descritiva e pragmática ao dizer que 'explicação é reduzida à descrição e a noção de função substitui a de causação' (p. 449). Isto refletiu um pragmatismo machiano que estava em conflito com o determinismo mecanicista" (Moxley, 1999, p. 109). Baer, Montrose e Todd (1968, p. 93), em referência à pesquisa na área aplicada, também indicam que esta "é eminentemente pragmática; ela investiga como é possível conseguir que um indivíduo faça algo de maneira efetiva".

pelas contingências de reforço em um dado ambiente (Skinner, 1992, p. 449).

Além disso, Skinner (1989, p. 11) indicou que

> [...] tanto as condições sentidas quando o que é feito ao senti-las deve ser confiado ao fisiologista. O que fica para o analista do comportamento são as histórias genética e pessoal responsáveis pelas condições corporais que o fisiologista descobrirá.

Ao referir-se à história do indivíduo, Skinner não está excluindo relações respondentes, mas se referindo ao indivíduo como um todo. A ênfase em relações operantes parece, portanto, implicar a adoção de um posicionamento que traz consigo a ocorrência de relações respondentes[14].

Retorno, portanto, à alternativa de interpretação indicada, ao início desta seção, como a que participa da construção deste estudo: a distinção entre respondentes e operantes é útil por viabilizar a compreensão isolada de cada processo e por permitir o estudo de inter-relações entre ambos e, assim, do indivíduo como um todo. Dando continuidade a esse posicionamento, a próxima seção, dedicada aos temas *comportamento* e *contingências operantes*, pretende permitir um avanço em direção a um maior detalhamento da proposta operante elaborada por Skinner, o que abre espaço para novas alternativas de leitura e, consequentemente, para novas decisões sobre a proposta de interpretação adotada neste estudo.

3.2 COMPORTAMENTO E CONTINGÊNCIAS OPERANTES

A perspectiva que caracteriza o modelo interpretativo de fenômenos emocionais é favorecida pelo reconhecimento da possibilidade de ocorrência de inter-relações entre respondentes e operantes, conforme discutido na seção anterior, mas também pela clareza conceitual acerca dos significados atribuídos a outros termos centrais, como é o caso das noções de comportamento e de contingências operantes, aqui discutidos à luz de posicionamentos concordantes, complementares e discordantes aos skinnerianos. A identificação de divergências que ainda permanecem na Análise do Comportamento ajuda a clarificar a perspectiva adotada neste estudo.

---

[14] Comparativamente, Tourinho (2004, p. 17) indica que "mesmo quando se considera apenas o componente resposta de um comportamento, em uma visão analítico-comportamental ela será a resposta do organismo como um todo".

Ao explorar os diversos pontos de vista apresentados a seguir, parto da premissa de que a compreensão do comportamento como uma interação entre o indivíduo e o ambiente, bem como as distinções entre as contingências de reforço e punição, ganham significado dentro do contexto mais amplo em que são formuladas. Portanto, é essencial considerar esse contexto ao avaliá-las. Como complemento, a seção seguinte é voltada a múltiplas funções de eventos organísmicos e ambientais, especificando diferenças entre o estabelecimento de inter-relações entre eventos com diferentes funções, a partir da noção de contingência tríplice, ao contrário da análise de relações entre estímulos e respostas com funções únicas e restritas ao que se pretende analisar.

Acerca da noção de comportamento, duas leituras principais são possíveis: (a) comportamento é um termo que equivale à resposta e, portanto, adquire significado independentemente das relações estabelecidas com o ambiente, o que distancia a análise de uma perspectiva funcional; e (b) comportamento é compreendido enquanto relação, o que é consistente com uma análise skinneriana que pretende manter em vista a totalidade do ser humano, enfatizando o contexto e as funções de estímulos e respostas na explicação comportamental.

Levo em conta, neste estudo, que a compreensão da proposta skinneriana de análise é favorecida pela definição de comportamento como uma relação indivíduo-ambiente. Para Skinner (1984a), enfatizar relações — e não simplesmente ações — corresponde a indicar que o contato com contingências modifica o indivíduo ao longo de sua história, alterando a probabilidade de novas emissões de operantes, sob condições específicas, bem como a ocorrência de respondentes, considerados os contextos específicos a cada caso.

Destaco, em coerência com a seção anterior, a ocorrência de inter-relações entre processos respondentes e operantes na medida em que, enquanto totalidade, o ser humano efetua trocas com o ambiente. Assim sendo, "o quadro que emerge de uma análise científica não é de um corpo com uma pessoa em seu interior, mas de um corpo que é uma pessoa, no sentido em que exibe um repertório complexo de comportamento" (Skinner, 2002, p. 199).

Seguindo o raciocínio skinneriano, segundo o qual o comportamento é uma relação indivíduo-ambiente, Donahoe e Palmer (1994, p. 71) indicam que "o que é selecionado é sempre uma relação entre o ambiente e o comportamento, e não uma resposta. Respostas não são selecionadas ou fortalecidas; o que é selecionado é a habilidade de ambientes particulares dirigirem tais respostas".

Catania (1998, p. 380) adotou uma terminologia alternativa ou mesmo complementar, relacionando *comportamento* a "qualquer coisa que um organismo faça. [...] A palavra geralmente é empregada como um substituto para respostas". Partindo de tal pressuposto, relacionou o termo *resposta* (e, com ele, *comportamento*) tanto a movimentos quanto a ações, indicando que aqueles são definidas por sua forma ou pela musculatura empregada, enquanto estas por suas relações com o ambiente. No entanto, Catania (1998, p. 10) também considerou a importância de se tomar comportamento como relação, por ter indicado que "as ações são mais importantes para nossos propósitos".

No mesmo sentido apontado por Skinner (1984a), Donahoe e Palmer (1994) e Catania (1998), Todorov (1982, p. 17) faz referência à noção de comportamento no contexto da noção de ambiente, destacando a importância da compreensão de ocorrências características de um ou outro de uma perspectiva favorecedora das relações indivíduo-ambiente:

> A decomposição do conceito de ambiente é apenas um recurso de análise útil para apontar os diversos fatores que, indissociáveis, participam das interações estudadas pelo psicólogo. Sem a decomposição necessária para a análise, o todo é ininteligível; por outro lado, a ênfase exclusiva nas partes pode levar a um conhecimento não relacionado ao todo. O jogo constante de ir e vir, de atentar para a intercalação das partes na composição do todo, é essencial para o entendimento das interações organismo-ambiente. Assim como o ambiente pode ser analisado em diferentes níveis, comportamento pode ser entendido em diferentes graus de complexidade. Não é a quantidade ou a qualidade de músculos ou glândulas envolvidas, ou os movimentos executados, o que importa.

A demarcação da definição skinneriana de comportamento, portanto, conseguiu firmar-se no âmbito da Análise do Comportamento, sendo adotada neste estudo. No entanto, discordâncias quanto ao conceito foram apresentadas, por exemplo, por Cleaveland (2002). Na medida em que tais posicionamentos coincidem com as propostas de Skinner, eles são abordados a seguir, em consonância com a tentativa de busca de clareza conceitual.

Em primeiro lugar, Cleaveland (2002, p. 80) indicou que unidades ontogenéticas seriam mais bem relacionadas não a comportamentos, mas a *associações* entre estímulos ambientais e comportamento. Além disso, apresentou o seguinte questionamento: "se todo comportamento é o resultado de seleção por consequências (agindo nas escalas filogenética e ontogenética), e se seleção por consequências produz adaptações, então todos os comportamentos são adaptações" — o que tornaria supérfluo o termo *adaptação*. Cleaveland propôs, por conseguinte, que "não se consegue uma abordagem 'real' de comportamento através de referências a 'adaptações', mas através do detalhamento da história de reforçamento do organismo".

No entanto, Skinner também reconheceu comportamentos como relações cuja seleção é dependente da história do indivíduo. Acerca da relação entre percepção e história, por exemplo, afirmou que

> O comportamento não é dominado pela situação atual, como parecia ser, na psicologia estímulo-resposta. [...] a história ambiental ainda mantém o controle; a dotação genética da espécie, mais as contingências às quais o indivíduo tem sido exposto, ainda determinam o que ele perceberá. (Skinner, 1993, p. 82).

Além disso, o fato de Skinner ter considerado que os comportamentos são sempre *adaptados*, por resultarem da história de interação indivíduo-ambiente, não implica que sejam todos *adaptativos*, no sentido de favorecedores de sobrevivência (ou sinônimo de sucesso).

Nesse sentido, Skinner (1984a, p. 12) indicou que

> [...] quando, através da evolução de suscetibilidades especiais, alimento e contato sexual se tornam reforçadores, novas formas de comportamento podem ser estabelecidas. Novas formas de coleta, processamento e cultivo de alimentos e novas formas de se comportar sexualmente ou de se comportar de formas que levam apenas eventualmente a reforçamento sexual podem ser modeladas e mantidas. O comportamento assim condicionado não é, necessariamente, adaptativo [adaptive]; alimentos que não são saudáveis são ingeridos, e comportamento sexual que não é relacionado à procriação é fortalecido[15].

---

[15] Acerca do uso do termo *adaptativo*, vale considerar o seguinte posicionamento de Holland (1978, p. 11): "não posso enfatizar excessivamente a importância de se compreender sempre a natureza adaptativa [*adaptive*] do comportamento, na medida em que aqueles que tradicionalmente definem os problemas consideram tantos comportamentos como sendo mal-adaptativos [*maladaptive*]". Para entender como essa perspectiva se relaciona com os pontos de vista de Skinner, é importante considerar que Holland destaca que a explicação para comportamentos indesejáveis não deve ser procurada no indivíduo, mas sim nas relações de contingência.

As proposições apresentadas por Cleaveland (2002) buscam esclarecer argumentos que ele considera constituírem a proposta skinneriana, a qual é compreendida de maneira diferente, por exemplo, por de Rose (1982), que indicou como a existência de estímulos consequentes que não têm o efeito de aumentar a frequência do operante afasta o raciocínio de Skinner de qualquer circularidade. Em linhas gerais, o argumento contrário à circularidade é fundamentado na perspectiva de que, em um modelo de variação e seleção, respostas são compreendidas como *variações* — e não exclusivamente como sinônimo do que é selecionado. Além disso, novas ocorrências de uma resposta selecionada são dependentes do contato do indivíduo com eventos com função discriminativa e, portanto, restritas a determinados contextos[16]. Conforme Skinner (1989, p. 55),

> Quando dizemos que o comportamento é controlado pelo ambiente, queremos dizer duas coisas muito diferentes. O ambiente [estímulo consequente] modela e mantém repertórios de comportamento, mas também serve como ocasião [estímulo discriminativo] para que o comportamento ocorra. O conceito de operante faz esta distinção.
>
> Quando essa distinção é ignorada, as referências ao comportamento são, em geral, ambíguas.

Como ponto seguinte, vale destacar que, também em relação às distinções propostas por Skinner entre as contingências operantes, duas leituras se mostram possíveis: (a) tais distinções refletem mais o posicionamento adotado por quem realiza as análises do que as relações indivíduo-ambiente que pretendem explicar, de maneira que devem ser revistas e alteradas; e (b) distinções entre as contingências favorecem a compreensão de especificidades que se traduzem por meio de diferentes inter-relações entre eventos ambientais e comportamentais, permitindo a análise de um conjunto complexo de influências sobre a resposta operante e fenômenos emocionais.

Considero que distinguir diferentes contingências, como as de reforçamento e punição, e de reforçamento positivo e negativo, é importante por sua utilidade, economia e praticidade na construção de argumentos favoráveis, por exemplo, à utilização de reforçamento positivo, com desdobramentos que ultrapassam o bem-estar individual e se estendem a relações sociais mais amplas. Além disso, é esperado que diferentes contingências sejam acompanhadas de diferentes fenômenos emocionais, o que fica demonstrado

---

[16] Por outro lado, Rachlin (1992) chama de *behaviorismo teleológico* uma psicologia que identifica como referente a causas finais, compreendida por ele como sendo um desenvolvimento do behaviorismo skinneriano.

de maneira detalhada na análise de Sidman (1989) quanto à distinção entre contingências coercitivas e não coercitivas.

Da mesma maneira que a definição de comportamento, a proposição skinneriana de diferentes contingências operantes também permanece gerando controvérsias, conforme detalhado a seguir. As perspectivas apresentadas envolvem a defesa skinneriana do reforçamento positivo e da distinção entre reforçamento positivo e negativo. Tais argumentações são discutidas a fim de esclarecer as decisões teóricas tomadas neste estudo na busca de sustentação de uma explicação de fenômenos emocionais que seja consistente com o modo causal de seleção por consequências.

A perspectiva skinneriana de contingência de três termos na análise de operantes permanece atual. Timberlake (2004, p. 198) refere-se à contingência operante, em um contexto experimental, como a

> [...] uma relação imposta pelo experimentador entre três conceitos definidos de maneira inter-relacionada [*codefined*] (um estímulo discriminativo, uma resposta operante e um reforçador) que os conecta uns aos outros, e a uma mudança que, regularmente, acompanha o responder.

Vale ressaltar que o termo *contingência de reforçamento* ou *contingência de reforço* costuma ser empregado em referência a todas as contingências operantes e, portanto, também às relações tidas como de punição (Kohlenberg; Tsai, 1991). De acordo com Baum (1994, p. 63), "o termo 'história de reforçamento', na Análise do Comportamento, é, na verdade, uma forma abreviada de 'história de reforçamento e punição'".

Acerca das distinções entre as contingências operantes, Skinner (1965, p. 69) relacionou a seleção comportamental à ocorrência de reforçamento, ressaltando que, "quando o reforço já não estiver mais sendo dado, a resposta torna-se menos frequente, no [contexto do] que é chamado de 'extinção operante'". Além disso, Skinner define, com o termo *punição*, a relação anteriormente (Skinner, 1938) designada de *reforçamento negativo*, passando a referir-se a dois tipos de reforçamento, positivo e negativo, e a duas possíveis ocorrências de punição.

Essas distinções foram mantidas, tendo sido representadas por Holland e Skinner (1961), por exemplo, por meio de um quadro indicativo de quatro possibilidades de relações: reforçamento positivo (A), punição (B), punição (C) e reforçamento negativo (D). Tais relações correspondem, respectivamente, à ocorrência das seguintes consequências após a emissão de uma resposta operante: acréscimo de estímulo reforçador (reforçamento positivo), retirada de estímulo reforçador (punição negativa ou Tipo II), acréscimo de estímulo punitivo ou aversivo (punição positiva ou Tipo I) e retirada ou não apresentação de estímulo aversivo (reforçamento negativo).

A valorização de diferenciações entre as relações de contingência operante tem sido fundamental na análise de Skinner, pois possibilita o esclarecimento das conexões entre a ação humana e as mudanças no ambiente. Assim, tomando o exemplo da contingência de reforçamento positivo, o indivíduo gera, com a emissão de uma resposta operante, o contato com um estímulo reforçador, alterando-se a probabilidade de repetição do operante em situações semelhantes. Nos casos em que o reforçamento positivo é liberado pelo ambiente social, é esperado que o indivíduo que emite o operante e o que libera o reforçamento construam um ambiente que os favorece.

Keller (1990, p. 157-158), em referência à área educacional, ressaltou que Skinner sonhou com "um sistema efetivo, não elitista, não competitivo, positivamente reforçador para estudantes de todas as idades e a cada passo da vida". Skinner (1965) também indicou os benefícios do reforçamento positivo no contexto terapêutico, como em sua descrição detalhada da importância do terapeuta como audiência não punitiva.

Sidman (1989) ampliou a análise skinneriana ao destacar a ocorrência de contingências não coercitivas (reforçamento positivo e extinção), em contraposição às coercitivas (reforçamento negativo e punição). Também Catania (1998) mostrou-se favorável à divisão entre contingências coercitivas e não coercitivas ao apresentar dois capítulos acerca das consequências do responder, nos quais se refere ao reforçamento positivo e à extinção, relacionando o controle aversivo à punição e ao reforçamento negativo. Anteriormente, Goldiamond (1974), partilhando dos mesmos princípios valorizadores do contato com contingências não coercitivas, elaborou uma proposta de abordagem, dita *construcional*, orientada não à eliminação, mas justamente à construção de repertórios comportamentais, o que implica a presença de contextos marcados pela ocorrência de reforçamento positivo.

Ainda acerca da distinção entre contingências e dos efeitos esperados a partir do contato com elas, Skinner (1965, 1989) considerou que o controle aversivo deveria ser substituído por outras formas de controle, sempre que possível. No entanto, a defesa da utilização de reforçamento positivo não significava, para ele, que tal contingência geraria efeitos benéficos sempre e em qualquer circunstância. Skinner (1986b) demonstrou estar ciente de que o valor da aplicação do reforçamento positivo depende da relação estabelecida pelo indivíduo com as múltiplas variáveis presentes em cada contexto. Nesse sentido, ele detalhou como práticas culturais que promovem os efeitos agradáveis das consequências de comportamento, às custas dos efeitos fortalecedores, corroeram as contingências de reforçamento sob as quais o processo de condicionamento operante possivelmente evoluiu, prejudicando os indivíduos sob tal controle, o que seria típico das sociedades abastadas do mundo ocidental.

Perone (2003) desenvolveu argumentos que parecem desconsiderar os contextos nos quais a defesa skinneriana do reforçamento positivo foi construída e que, portanto, não se sustentam quando confrontadas com a análise skinneriana, conforme exemplificado a seguir. Adiante, críticas elaboradas por Baron e Galizio (2005) e por Michael (1975) também partem de princípios que consideram ser skinnerianos, embora não o sejam.

Em primeiro lugar, Perone (2003) indicou que o reforçamento positivo pode ter função aversiva, sendo, assim, desvantajoso, bem como que comportamento positivamente reforçado poder gerar, em longo prazo, consequências aversivas, enquanto, por outro lado, a presença de controle aversivo pode favorecer o indivíduo, na medida em que a frequência de comportamento indesejável diminui e a de comportamento desejável aumenta.

Skinner (1965, p. 380-381) estava ciente de que o reforçamento positivo não deveria ser utilizado indiscriminadamente, posto que apontou desvantagens da liberação de reforçamento positivo contingente a comportamento tido como inadequado:

> [...] quando um pai solícito fornece [...] afeição e atenção a uma criança doente, qualquer comportamento da criança que dê ênfase à doença é fortemente reforçado. Não é surpreendente que a criança continue a comportar-se de modo semelhante quando já não estiver doente.

Além disso, Skinner chamou atenção para consequências atrasadas, e não apenas à possibilidade de uso indiscriminado de reforçamento positivo imediato, indicando que se deve valorizar a construção de "um repertório eficaz, particularmente, em técnicas de autocontrole" (1965, p. 380).

Em segundo lugar, Perone (2003) afirmou que o controle aversivo é inevitável e onipresente, pois a ocorrência de reforçamento positivo depende da emissão de um dado comportamento, de maneira que a não ocorrência do comportamento fica relacionada à possibilidade de punição. No entanto, da perspectiva skinneriana, a emissão de respostas cuja ausência implicaria possível contato com punição não caracteriza reforçamento positivo, mas negativo. Os fenômenos emocionais que acompanham cada uma das contingências não as definem (Skinner, 1965), mas são um indicativo de que elas não devem ser confundidas, conforme discutido abaixo e em consonância à argumentação aqui desenvolvida, favorável à distinção skinneriana entre contingências operantes.

Por fim, Perone (2003) indicou que Skinner valorizou mais os procedimentos, por meio das distinções entre as contingências operantes, do que os resultados, no sentido de como garantir a ocorrência de comportamento de interesse, para o indivíduo, em longo prazo. No entanto, a crítica skinneriana ao procedimento de punição é sustentada justamente pelos resultados daí resultantes. Nesse sentido, o reconhecimento do procedimento não teria valor apenas enquanto tal, mas por esclarecer as consequências que acompanham a sua utilização. A fim de esclarecer o posicionamento skinneriano, amplio, a seguir, a discussão acerca das diferenças entre as duas contingências de reforçamento.

Baron e Galizio (2005, p. 87) apresentam o seguinte posicionamento no tocante à diferenciação entre as contingências de reforçamento positivo e negativo: "se uma distinção deve ser feita, ela deveria ser entre processos de reforçamento e processos de punição, isto é, entre mudanças ambientais que fortalecem e mudanças ambientais que suprimem". No mesmo sentido, Michael (1975) ressaltou que

> [...] a solução para o nosso problema terminológico é referir a coisas boas como reforçadoras e reforçamento, e a coisas ruins como punidoras e punição. Um conjunto de termos refere-se às mudanças que têm um efeito fortalecedor sobre o comportamento precedente; o outro, às mudanças que têm um efeito enfraquecedor. A distinção entre os dois tipos de reforçamento, baseada [...] na distinção entre apresentação e remoção, pode simplesmente ser abandonada[17].

Esses autores, portanto, constroem seus posicionamentos com base em princípios diferentes dos skinnerianos, para quem a punição não suprime ou tem efeito enfraquecedor. Skinner (1965, p. 190) afirmou, por exem-

---

[17] Michael (1975) revê principalmente três posicionamentos de Skinner: a adoção do termo estímulo aversivo como sinônimo de estímulo reforçador negativo (Skinner, 1965), a compreensão do efeito de estímulos reforçadores negativos [estímulos aversivos] no fortalecimento de resposta competitiva (Skinner, 1938) e a distinção entre reforçamento positivo e negativo (Skinner, 1965).

plo, que a punição "não elimina o comportamento de um repertório e seu efeito temporário é obtido com tremendo custo na redução da eficiência e da felicidade geral do grupo". Em linhas gerais, a punição corresponde simplesmente a "procedimentos que são o inverso daqueles que provaram ser reforçadores" (Holland; Skinner, 1961, p. 248), portanto não está ligada a uma diminuição na frequência da resposta operante, mas à ocorrência posterior de controle por reforçamento negativo. De acordo com Skinner (1965, p. 222), "a punição [...] não cria uma probabilidade negativa de que uma resposta seja executada, mas uma probabilidade positiva de que um comportamento incompatível ocorrerá".

Ao que tudo indica, o motivo principal pelo qual Skinner manteve a noção de punição está menos relacionado à frequência da resposta do que aos efeitos de tal procedimento sobre o estado emocional do indivíduo. Skinner (1965, p. 191) ressaltou que

> [...] a estimulação assim gerada [pela punição] [...] evoca reflexos característicos de medo, ansiedade e outras emoções [...] [podendo] resultar em doença "psicossomática" ou interferir de outra maneira com o comportamento eficaz do indivíduo em sua vida cotidiana.

Além disso, Skinner (p. 183) estendeu a problemática ao contexto social mais amplo:

> [...] a punição, ao contrário do reforçamento, funciona com desvantagem tanto para o organismo punido quanto para a agência punitiva. Os estímulos aversivos necessários geram emoções, incluindo predisposições para fugir ou revidar, e ansiedades perturbadoras.

Complementarmente, em relação às duas contingências de reforçamento, Skinner (1965, p. 73) indicou que não é possível evitar a distinção entre reforçamento positivo e negativo "argumentando que o que é reforçador, no caso negativo, é a ausência da luz brilhante [...] etc.; pois a ausência só é eficaz depois da presença, e isto é apenas outra maneira de dizer que o estímulo foi removido".

Fortalecendo a perspectiva skinneriana, Perone (2003, p. 10-11) conclui, a partir de achados experimentais, que "parece provável que o padrão de pausar-responder, típico de desempenho em esquemas de FR [razão fixa] (e intervalo fixo), representa uma combinação de reforçamento positivo e negativo".

O sentido apontado por Perone (2003), de combinação entre as duas contingências de reforçamento, não apenas representa mais um argumento à necessidade de distinção entre elas, como também permite a compreensão de situações nas quais elas se inter-relacionam. Em linhas gerais, este estudo parte do princípio de que as definições skinnerianas de comportamento e das diferentes contingências operantes favorecem, na prática, o contexto mais amplo de análise das consequências que o indivíduo gera no ambiente e que, então, retroagem sobre ele.

3.3 MÚLTIPLAS FUNÇÕES DE EVENTOS ORGANÍSMICOS E AMBIENTAIS

Aos temas abordados nesta seção, que pretendem favorecer a compreensão da importância de análises que lançam mão da ocorrência de inter-relações entre processos respondentes e operantes, acrescento a questão referente a múltiplas funções de eventos organísmicos e ambientais, com destaque ao papel atribuído a variáveis contextuais e à análise de fenômenos emocionais. Desse modo, enfoco os conceitos de estímulo e de resposta como base para a compreensão da ocorrência de um único evento com ambas as funções e com diferentes funções de estímulo. Tais temas não parecem gerar questionamentos no âmbito da Análise do Comportamento.

Discuto, por outro lado, a análise de emoções proposta por Skinner (1965) como exemplo de um posicionamento diferente, que favorece uma investigação simultânea de operantes e respondentes. De tal contexto, destaco propostas alternativas de abordagem que valorizam a ocorrência de inter-relações entre os dois processos, enfatizando o papel de relações resposta-consequência e variáveis contextuais para uma explicação de fenômenos emocionais no âmbito da contingência tríplice, de acordo com o modelo interpretativo apresentado no capítulo a seguir.

A distinção entre estímulo e resposta reflete as particularidades de variáveis organísmicas ou dependentes, em relação a variáveis ambientais ou independentes, considerando que "nenhum termo pode ser definido por suas propriedades essenciais sem o outro" (Skinner, 1938, p. 9). Também Keller e Schoenfeld (1995, p. 3) indicam que "um estímulo não pode ser definido independentemente de uma resposta". Da mesma maneira, Todorov (1982, p. 17) ressaltou que

> O comportamento não pode ser entendido isolado do contexto em que ocorre. Não há sentido em uma descrição de comportamento sem referência ao ambiente, como não há sentido, para a psicologia, em uma descrição do ambiente apenas. Os conceitos de comportamento e ambiente, e de resposta e estímulo, são interdependentes. Um não pode ser definido sem referência ao outro.

Perone (2003), com base em experimentos que demonstram que uma dada intensidade de choque é suficiente para que ele adquira função aversiva em uma contingência de punição, mas insuficiente em uma contingência de esquiva, ressaltou que a "aversividade não é uma propriedade inerente de um estímulo. Ela depende [...] do contexto ambiental do estímulo e não pode ser medida dissociada do efeito do estímulo sobre o comportamento" (p. 2). De maneira geral, portanto, "na punição e no reforçamento, contingências – não estímulos – são fundamentais" (p. 3).

A discussão a seguir é voltada à possibilidade de que um evento *resposta* (aberta ou encoberta) pode apresentar função de estímulo (público ou privado). Tal questão foi resumida por Matos (1995, p. 32), ao abordar a noção de resposta encoberta, nos seguintes termos:

> Acredito que a concepção de comportamento encoberto, assim como a de comportamento verbal, seja protótipica da posição skinneriana sobre comportamento como uma unidade interativa. Nestas duas concepções, mais que em qualquer outro exemplo, definitivamente não posso separar Condições Antecedentes-Ações-Condições Consequentes. Evento interno pode ser uma mudança no ambiente interno produzida quer por outras mudanças no ambiente interno, quer no externo, quer em ambos, ou pode ser a própria reação a essas mudanças. Algumas vezes posso identificar seu antecedente remoto externo, mas seu antecedente imediato e interno se mescla, irremediavelmente, com o evento comportamental ele próprio.

De acordo com Morris, Higgins e Bickel (1982, p. 300), "a unidade comportamental inclui não apenas respostas, mas, principalmente, as funções de tais respostas junto com suas funções de estímulo inter-relacionadas, em um contexto atual e histórico". Também conforme Tourinho (2006a, p. 28), "repertórios autodescritivos geralmente exercem controle sobre outras formas de comportamento". Silva (1998, p. 136) chamou atenção para o fato de que "o mundo interno, físico, privado do indivíduo também é um ambiente – um ambiente peculiar e poderoso do qual não se escapa facilmente"[18].

Ainda sobre respostas encobertas, Skinner (1969, p. 242) indicou que

> Pelo que sabemos, as respostas [encobertas] são executadas com os mesmos órgãos que as respostas observáveis, mas em uma escala menor. Os estímulos que geram são fracos, mas do mesmo tipo que os gerados pelas respostas abertas. Seria um erro recusar-se a considerá-los como dados simplesmente porque um segundo observador não pode senti-los ou vê-los, pelo menos sem o auxílio de instrumentos.

Skinner (1965, p. 211) destacou, em outros termos, que um mesmo evento (palavras faladas ou escritas) pode apresentar função de resposta operante e de estímulo (por exemplo, reforçador ou aversivo) para o indivíduo em questão: "todo comportamento verbal continuado é multiplamente determinado. Quando um homem começa a falar ou a escrever, cria um conjunto elaborado de estímulos que alteram a probabilidade de outras respostas em seu repertório".

No mesmo sentido, Skinner (1992), remetendo-se ao comportamento de pensar[19], ressaltou que "um falante [...] reage a seu próprio comportamento de várias maneiras importantes. Parte do que ele diz está sob controle de outras partes de seu comportamento verbal" (p. 10)[20]. Além disso, indicou como o comportamento de imaginar apresenta função de estímulo reforçador ou aversivo:

> Algumas práticas da terapia comportamental, nas quais se pede ao cliente para imaginar várias condições ou acontecimentos, foram criticadas como não genuinamente comportamentais por fazerem uso de imagens. Mas não existem imagens no sentido de cópias privadas; o que existe é comportamento perceptivo, e as medidas tomadas pelo psicoterapeuta visam a fortalecê-lo. Ocorre uma mudança no

---

[18] O sentido de tal afirmativa é extensamente discutido no contexto da Terapia de Aceitação e Compromisso (ACT) (Hayes; Strosahl; Wilson, 1999).

[19] A utilização do termo *pensar* como tradução do inglês *thinking*, neste estudo, deriva do seguinte posicionamento: "Podemos lembrar da recomendação de que devemos converter os substantivos psicológicos em verbos: em vez de 'cognição e pensamento', deveríamos dizer 'conhecer e pensar'" (Catania, 1998, p. 349). Quando se remete ao substantivo *pensamento*, Skinner (1992, p. 449) usa o termo *thought* (por exemplo, em "nonverbal 'ideias' or 'thoughts'".

[20] Skinner (1992, p. 2) define o comportamento verbal como "reforçado pela mediação de outras pessoas", em oposição à noção de controle direto pelo ambiente físico, ainda que o ambiente também seja constituído por indivíduos, assim como cada indivíduo é ambiente para si próprio. O controle, no caso do comportamento verbal, no entanto, não é considerado direto, mesmo porque Skinner (p. 268) exclui da categoria de comportamento verbal os casos em que o "'ouvinte' mediador participa apenas em seu papel de objeto físico".

comportamento do paciente se o que ele vê (ouve, sente etc.) tem o mesmo efeito positiva ou negativamente reforçador das próprias coisas quando vistas. (Skinner, 1993, p. 94-95)

Guilhardi (2003, p. 241, grifos do autor) demonstrou estar de acordo com tal posicionamento e o exemplificou no contexto da ocorrência de condicionamento respondente:

> Pensar e imaginar, ao serem associados com o evento aversivo, adquirem a função de *estímulo eliciador condicionado*, ou seja, um evento comportamental pode ter função de estímulo. As reações respondentes são imediatas; e, provavelmente, por terem sido preservadas na espécie, pelo primeiro nível de seleção apontado por Skinner (1990), têm função de estímulo intenso.

A discussão acerca da apresentação de função de resposta e de estímulo por um mesmo evento é ampliada quando se leva em conta a possibilidade de um único evento adquirir diferentes funções de estímulo. Segundo Catania (1998, p. 217), "os estímulos têm múltiplas funções, e seria provavelmente inevitável que tivéssemos que levar tais funções em conta ao lidarmos com situações que combinam procedimentos operantes e respondentes".

Em relação às diferentes funções que um evento pode apresentar, Skinner (1965, p. 205) afirma que

> Na análise da punição [...] um único estímulo aversivo contingente a uma resposta tem pelo menos quatro efeitos: (1) elicia reflexos, frequentemente de natureza emocional; (2) altera, de várias maneiras, predisposições emocionais para a ação; (3) atua como um estímulo reforçador no condicionamento respondente quando emparelhado a estímulos que o precedem ou acompanham; tais estímulos, consequentemente, evocam as respostas e predisposições e (1) e (2), e qualquer comportamento de evitação que interrompa os estímulos [aversivos condicionados] é reforçado [negativamente]; e (4) torna possível o reforço de qualquer comportamento de fuga que interrompa o próprio estímulo aversivo. Neste exemplo, então, um único evento atua como um estímulo eliciador, uma operação emocional, um estímulo reforçador no condicionamento respondente, e um reforçador negativo no condicionamento operante.

As perspectivas apresentadas são exemplos de valorização de inter--relações entre processos respondentes e operantes, enquanto a análise skinneriana abordada a seguir prioriza a investigação isolada de cada processo. A análise de processos individuais é um enfoque recorrente neste estudo, baseada na ideia de que a identificação das particularidades de determinados fenômenos possibilita a compreensão das inter-relações entre eles. Por exemplo, examino a definição skinneriana de emoção, que aborda a presença de componentes respondentes e operantes, com explicações alternativas, visando a uma explicação coesa dos fenômenos emocionais dentro do contexto do modo causal de seleção por consequências.

Skinner (1965) propôs que uma emoção deve ser definida por meio da atenção a processos operantes, mas que sua ocorrência e alteração dependem de processos respondentes. Quanto à importância de processos operantes para a definição de fenômenos emocionais, Skinner (1965, p. 166) indica que

> Definimos uma emoção [...] como um estado particular de alta ou baixa frequência de uma ou mais respostas induzidas por qualquer uma dentre uma classe de operações. As respostas reflexas que acompanham muitos desses estados de força não devem ser completamente desprezadas. Elas podem não nos ajudar a refinar as distinções, mas adicionam pormenores característicos ao quadro final do efeito de uma dada circunstância emocional.

Nesse sentido, é evidente que a definição de emoção abarca um contexto mais abrangente do que simplesmente descrito por termos como resposta ou estímulo. Ao considerar um conjunto de respostas e suas relações com diversos estímulos, Skinner (1963, 1965) introduz a ideia da participação de componentes respondentes e operantes. Mais uma vez, é reforçada a importância dos aspectos operantes na definição dos fenômenos emocionais.

Holland e Skinner (1961) também destacam que "uma dada emoção é definida pelos eventos que servem como reforçadores ou pelo aumento da probabilidade de um grupo de respostas" (p. 273). Por exemplo,

> [...] na presença de um estímulo aversivo condicionado, uma resposta reforçada com alimento é emitida mais vagarosamente (raramente) e uma resposta com uma história de esquiva, mais rapidamente (frequentemente). Estas modificações e outras similares definem ansiedade (p. 272).

Nesse sentido, as modificações nas relações operantes são destacadas, em detrimento da participação de respondentes no fenômeno emocional.

A ênfase no papel dos componentes operantes para a definição do que é sentido parece ser justificada na medida em que os componentes respondentes de diferentes fenômenos emocionais costumam ser extremamente semelhantes. Segundo Skinner (1965, p. 161):

> As alterações mais óbvias que estão presentes quando o leigo diz que "sente uma emoção" são as respostas dos músculos lisos e glândulas – por exemplo, corar, empalidecer, chorar, suar, salivar...
>
> Apesar de investigação extensiva, não foi possível demonstrar que cada emoção se distingue por um padrão particular de respostas de glândulas e músculos lisos. Embora haja alguns padrões característicos dessas respostas, as diferenças entre as emoções frequentemente não são grandes e não seguem as distinções costumeiras. Tais respostas também não servem para diagnóstico de emoção em geral, pois ocorrem também sob outras circunstâncias – por exemplo, depois de um exercício pesado ou de uma lufada de ar frio.

Também de acordo com Baron e Galizio (2005, p. 90), a definição de um fenômeno emocional não seria possível com base em seus componentes respondentes:

> Apesar de pesquisa considerável nos últimos 50 anos, a literatura da psicofisiologia do reforçamento tem sido inconclusiva. A maior fonte de dificuldade tem sido a falha em se identificar padrões específicos de resposta que pudessem diferenciar classes diversas de emoção; por exemplo, entre estados opostos como "medo" e "alegria".

Desse modo, a ocorrência de respondentes é inquestionável, em se tratando de fenômenos emocionais, mas não constituem variáveis confiáveis para que se façam distinções entre uma e outra emoção. Por outro lado, o papel destinado aos respondentes é considerável, tendo em vista que são eles que justificam a identificação e até mesmo a alteração de fenômenos emocionais.

Skinner (1965, p. 114) considera a ocorrência e a alteração do que é sentido como funções do contato com um estímulo eliciador, portanto com base em seus componentes respondentes.

> O comportamento reflexo é ampliado através do condicionamento respondente e aparentemente não pode ser condicionado de acordo com o padrão operante. [...] O comportamento de enrubescer, como o de empalidecer ou de secretar lágrimas, saliva, suor etc., não pode ser colocado diretamente

sob o controle do reforço operante. Se se pudesse encontrar alguma técnica que conseguisse este resultado, seria possível treinar uma criança a controlar suas emoções tão facilmente quanto ela controla as posições de suas mãos[21].

Assim, embora não considere que a ocorrência e a alteração de um fenômeno emocional escape de qualquer controle, Skinner (1965) restringe tal possibilidade de controle à ocorrência de relações respondentes.

Da mesma maneira, Skinner (1965, p. 275) refere-se à ocorrência de fenômenos emocionais como resultado de relações diretas entre estímulos e respostas, no sentido de um condicionamento respondente, ao afirmar que é possível "gerar uma resposta emocional relembrando um evento emocional".

A proposta de Skinner (1965), que prioriza uma análise que enfatiza componentes operantes ou respondentes, isoladamente, para a definição e para a ocorrência ou alteração de fenômenos emocionais, abre espaço para a elaboração de explicações alternativas. A seguir, algumas dessas explicações são destacadas de maneira a fundamentar as conclusões que caracterizam o modelo interpretativo de fenômenos emocionais proposto neste estudo.

Quando se trata de definir uma emoção, Catania (1998, p. 251-252) destaca a importância de respostas abertas (independentemente de serem respondentes ou operantes):

> [...] a terminologia da emoção está similarmente baseada em relações complexas envolvendo situações e comportamento. [...] Tatos de amor, ódio, alegria e pesar, quer em nós próprios, quer em outras pessoas, dependem de manifestações abertas como risos ou lágrimas e das circunstâncias que geraram o comportamento que observamos. Se não fosse assim, uma comunidade verbal não poderia manter qualquer consistência em seu vocabulário; a variabilidade da linguagem das emoções é, em si mesma, uma evidência da sutileza das relações que tateamos[22].

No que tange à ocorrência e alteração de emoções, o próprio Skinner (1965, p. 163) chama atenção para o papel de relações resposta-consequência, apontando componentes operantes:

---

[21] Essa afirmação relaciona-se ao modelo interpretativo descrito neste estudo (capítulo 4) na medida em que este indica como relações respondentes podem ser alteradas por meio da emissão de operantes, ainda que não sejam controladas por suas consequências.

[22] Skinner (1992, p. 81-82) define o tato como "uma resposta de uma determinada forma é evocada (ou pelo menos fortalecida) por um objeto particular ou um acontecimento ou propriedade de objeto ou acontecimento".

> Respostas que variam juntas em uma emoção o fazem, em parte, por causa de uma consequência comum. As respostas que aumentam de força na raiva causam dano em pessoas ou objetos. Este processo geralmente é biologicamente útil quando um organismo compete com outros organismos ou luta com o mundo inanimado.

Para além do papel de relações resposta-consequência, considero a adoção de uma perspectiva valorizadora do contexto na explicação comportamental, de uma perspectiva que destaca a possibilidade de multideterminação. A esse respeito, Carrara (2005, p. 396) afirma:

> [...] pode-se antecipar que o caminho aparentemente mais promissor para o Behaviorismo Radical moderno passa por um redimensionamento que pretende aproximar [...] seu modelo analítico à ideia de ampliação do contexto em que ocorre o comportamento. Nessa direção, a ideia de contexto talvez seja melhor, no mínimo quanto à semântica, do que a ideia de ambiente. Em termos ideais, o contexto amplia o *ambiente* para além das condições externas ao organismo e para além dos eventos causais presentes no exame do ato--no-contexto, ou seja, amplia a busca da causalidade (leia-se: das relações funcionais) para eventos que corroboram a construção histórica do comportamento. Expondo por outro ângulo, a ampliação da análise quanto ao contexto em que se insere o comportamento pretende [...] ganhar em alcance explicativo e em capacidade de atentar para a realidade da multideterminação comportamental.

Segundo Moxley (1999, p. 121), contextos simples, determinismo e busca de verdades absolutas caracterizam a modernidade, enquanto contextos complexos, probabilismo e selecionismo são tipicamente pós-modernos. Assim, "a tendência geral nas perspectivas de Skinner é claramente pós-moderna, da mesma forma que a tendência histórica é pós-moderna".

> Skinner (1984/1988, p. 471; 1987, p. 201) expressou estar insatisfeito com o termo de variável única [*single-variable*], estímulo discriminativo, como o primeiro termo em sua contingência tríplice, e o substituiu por contexto, um termo que inclui variáveis múltiplas (e.g., 1973, p. 257-258; 1984/1988; p. 215-265; 1989, p. 10, 13, 62-63, 126). Com um sentido mais amplo, o contexto poderia incluir discriminações relevantes e qualquer outra classe relevante de variáveis antecedentes,

tais como operações estabelecedoras e variáveis históricas e hereditárias (MOXLEY, 1999, p. 120).

A esse respeito, Skinner (1986c, p. 232) indica que

> O termo "discriminação", que tomei do estudo contemporâneo acerca do comportamento de animais, não é muito correto. Eu, na verdade, não estava preocupado com o fato de um rato poder ou não dizer a diferença entre luz acesa ou apagada. O controle adquirido por um estímulo era a questão. Comecei a falar de um estímulo enquanto "a ocasião" para a resposta ou mesmo do responder [...] "na presença de" [um estímulo], mas nenhuma expressão representa exatamente a maneira pela qual um estímulo [antecedente] adquire controle sobre um operante.

As perspectivas sobre o papel das relações entre resposta e consequência, juntamente a variáveis contextuais, são cruciais para compreender a ocorrência e a modificação de fenômenos emocionais condicionados por meio do paradigma da seleção por consequências.

Em congruência a tal modo causal, Tourinho (2006a) propôs um exame da privacidade, principalmente no que se refere a fenômenos emocionais, considerando um continuum que se estenderia de fenômenos menos complexos, suficientemente explicados por meio de relações filogenéticas, até aqueles mais complexos, constituídos de relações entrelaçadas de origem filogenética, ontogenética e cultural. Assim, fenômenos emocionais podem apresentar componentes operantes, porém não surgem na ausência de relações respondentes que os desencadeiem. Skinner (1989, p. 13) indica, inclusive, que "o que é sentido quando alguém tem um sentimento é uma condição de seu corpo".

De acordo com a perspectiva descrita por Tourinho (2006a), dependendo da complexidade do fenômeno investigado, a ocorrência e a alteração de um fenômeno emocional poderiam derivar simplesmente da participação de relações respondentes, mais relacionadas a ocorrências fisiológicas, ou, por outro lado, de inter-relações entre processos respondentes e operantes.

Vale ressaltar que, nos casos em que a descrição de um fenômeno emocional é realizada a partir do enfoque de alguns de seus componentes, de maneira que outros sejam desconsiderados, é sempre possível que se esteja diante de uma análise simplificada de um fenômeno complexo.

Tentando dar conta da complexidade das relações estabelecidas entre indivíduo e ambiente, Baron e Galizio (2005, p. 94) indicam que "os problemas conceituais criados pelas referências a estados sentidos talvez possam ser solucionados pela atenção às operações estabelecedoras e outras variáveis contextuais que produzem os sentimentos". Também Dougher e Hackbert (2000, p. 22) empenham-se em "demonstrar a importância do conceito de operação estabelecedora na produção de uma explicação analítico-comportamental adequada de alguns tipos de comportamentos referentes aos tópicos gerais de cognição e emoção".

O modelo interpretativo de fenômenos emocionais, apresentado adiante, corresponde a uma tentativa de organização de informações no âmbito da realização de análise funcional. Pretendo que lacunas quanto às possíveis funções das variáveis que participam das relações investigadas sejam claramente percebidas e contornadas em um contexto explicativo que abranja eventos públicos e privados. Ocorrências descritas enquanto operações estabelecedoras não são contempladas diretamente pelo modelo, a não ser que, conforme o posicionamento de Moxley (1999), se considere que elas estão implícitas na noção skinneriana de contexto.

4

INTER-RELAÇÕES ENTRE PROCESSOS RESPONDENTES E OPERANTES NA EXPLICAÇÃO DE FENÔMENOS EMOCIONAIS

Neste capítulo, um modelo interpretativo de fenômenos emocionais é inicialmente apresentado, acrescido da discussão de questões complementares às iniciadas no capítulo precedente, as quais se voltam à ocorrência de inter-relações entre os processos respondentes e operantes, às definições de comportamento e de contingência operante e à apresentação de diferentes funções por eventos ambientais e comportamentais, com destaque ao papel atribuído a variáveis contextuais e à análise de fenômenos emocionais. As questões investigadas após a descrição do modelo proposto, pretendendo fundamentá-lo no âmbito da Análise do Comportamento, são referentes a processos que culminam com a perspectiva de alteração de fenômenos emocionais por meio da emissão de operantes.

Além disso, abordo citações apresentadas por Baron e Galizio (2005) e por Holland (1978), em uma tentativa de demonstrar mais claramente a aplicação do modelo interpretativo para a compreensão de questões teóricas, no sentido da proposição de alternativas às análises apresentadas. Na segunda seção, o modelo proposto é relacionado ao modo causal de seleção por consequências, garantindo a explicação de fenômenos emocionais enquanto comportamentos, e não como causa de comportamentos.

4.1 MODELO INTERPRETATIVO DE FENÔMENOS EMOCIONAIS

Neste estudo, a explicação de fenômenos emocionais é orientada por uma perspectiva que os associa à emissão de operantes, resultando na proposição de um modelo interpretativo que reúne argumentos referentes a inter-relações entre processos respondentes e operantes. O modelo não se compromete com a solução de impasses teóricos isolados, mas com a compreensão de fenômenos emocionais de uma perspectiva selecionista e valorizadora da unidade do ser humano, o que reflete o posicionamento adotado por Skinner e o movimento mais recente das neurociências (Darwich, 2005). Nesse sentido, tal proposta afasta-se de proposições teóricas que lançam mão de princípios adicionais aos skinnerianos para a explicação de fenômenos emocionais (Staats; Eifert, 1990).

Em linhas gerais, o modelo interpretativo de fenômenos emocionais abarca as seguintes relações, que se desdobram a partir do estabelecimento de uma contingência operante: (a) ocorrência de respostas fisiológicas componentes de fenômenos emocionais; (b) aquisição de funções discriminativa e eliciadora pelo evento antecedente à emissão do operante; e (c) aquisição de função discriminativa e eliciadora por fenômenos emocionais, com seus componentes respondentes e operantes. Dessa forma, o modelo interpretativo é voltado a relações entre eventos comportamentais e ambientais externos, bem como à atuação do mecanismo de seleção ontogenética sobre respostas encobertas. Tal modelo remete, portanto, à explicação de questões como "se [...] alguns animais se referem a um ambiente interno antes de agir no ambiente externo, ainda temos que explicar o desenvolvimento desse ambiente interno" (Cleaveland, 2002, p. 75).

Ressalto que o termo "fenômeno emocional" remete a um evento complexo, com componentes respondentes, correspondentes às respostas fisiológicas, e componentes operantes a elas relacionados. Nesse sentido, pode ocorrer de a própria resposta operante, em estudo no contexto de uma relação de contingência, ser um dos componentes do fenômeno emocional. Em seguida, 28 quadros servem de apoio ao texto[23].

O modelo interpretativo descreve inter-relações entre as seguintes variáveis, dispostas no Quadro 1: (a) o evento consequente (S^C) à emissão de uma resposta operante (R), com função reforçadora ou aversiva[24], pode apresentar também função eliciadora (s^1) de respostas fisiológicas (r^1) componentes de fenômenos emocionais; (b) a partir da relação estabelecida com a resposta operante (R) e o evento consequente (S^C), o evento antecedente (S^A) pode adquirir função discriminativa (S^{D1}); (c) a partir do estabelecimento de uma relação temporalmente contígua entre o evento antecedente (S^A) e o evento eliciador (s^1) de respostas fisiológicas (r^1), o evento antecedente

---

[23] Nos quadros, os índices alfabéticos maiúsculos correspondem a relações operantes e os minúsculos, a respondentes, o sinal de igualdade separa funções diferentes de um mesmo evento e a seta indica a ocorrência de relações respondentes. Cada linha subsequente descreve eventos que ocorrem temporalmente após os descritos nas anteriores, destacando-se a ocorrência de condicionamento respondente por meio de células escurecidas.

[24] Além de o evento consequente apresentar função reforçadora ou aversiva, a emissão da resposta operante pode ser seguida pela não apresentação de um estímulo com função reforçadora (extinção) ou aversiva (esquiva), por exemplo. Tais possibilidades encontram-se implícitas na apresentação do modelo interpretativo de fenômenos emocionais, visando favorecer a compreensão da proposta em termos gerais.

(S^A) pode adquirir também função eliciadora condicionada (s^2) de respostas fisiológicas semelhantes (r^2); e (d) as respostas fisiológicas (r^2) também podem apresentar função discriminativa (S^{D2}) para a emissão da resposta operante (R) e função eliciadora (s^3) de outras respostas fisiológicas (r^3). O conceito de *operação estabelecedora* não é contemplado diretamente pelo modelo, conforme discutido adiante.

Quadro 1 – Modelo interpretativo de fenômenos emocionais

Antecedente	Resposta	Consequente	Resposta fisiológica
SA	R	$S^C = s^1 \rightarrow$	r^1
$S^A = S^{D1} =$ $s^2 \rightarrow r^2 = S^{D2} = s^3 \rightarrow r^3$			

Fonte: a autora

O Quadro 2 detalha a aquisição de função eliciadora pelo evento antecedente (S^A), descrita no item (c), indicando a relação por ele temporalmente estabelecida com o evento com função eliciadora (s^1) de respostas fisiológicas (r^1) componentes de fenômenos emocionais.

Quadro 2 – Aquisição de função eliciadora pelo evento antecedente

Antecedente	Resposta	Consequente	Resposta fisiológica
SA	R	$S^C = s^1 \rightarrow$	r^1
$S^A = s^2 \rightarrow r^2$			

Fonte: a autora

O modelo interpretativo proposto pretende dar conta das inter-relações entre os diferentes processos que podem ser desdobrados a partir do estabelecimento de uma contingência operante. Como exemplo, destaco uma situação simples, composta por variáveis que se inter-relacionam conforme o modelo correspondente ao Quadro 1: um rapaz pergunta as horas a uma moça, e ela lhe responde sorrindo.

Tomando o rapaz como foco de análise, a moça pode ser considerada um estímulo antecedente ou contexto (S^A) para a emissão da resposta de perguntar as horas (R), e a reação amistosa dela, estímulo consequente

(S^C), no caso, com função reforçadora. É possível considerar, ainda, que, em contato com a reação amistosa da moça (S^C = s^1), o rapaz apresente respostas fisiológicas (r^1) características do reforçamento positivo, como o contentamento. Em situações futuras semelhantes (S^{D1}), portanto, será alta a probabilidade de ele perguntar as horas (R). É possível também que a presença de uma moça, em tais contextos (S^{D1} = s^2), seja seguida de respostas fisiológicas (r^2) como o contentamento (portanto, análogas às eliciadas por s^1), de maneira que tais respostas, enquanto evento que também apresenta função de estímulo, sinalizam (S^{D2}) alta probabilidade de reforçamento (S^R) do operante (R). Além disso, do contato do indivíduo com as alterações em seu próprio organismo (s^3), podem decorrer outras respostas fisiológicas (r^3), o que poderia compor um fenômeno emocional referido como motivação ou desejo de dar seguimento a uma conversação.

Além das relações que participam da definição de contingência operante (Skinner, 1965), as inter-relações entre processos respondentes e operantes que compõem o modelo interpretativo de fenômenos emocionais anteriormente descrito são apresentadas por Skinner, ao longo de sua obra, embora em contextos isolados.

De maneira a contextualizar o quadro geral que compõe o modelo, posicionamentos de Skinner são revistos nos parágrafos seguintes, sendo complementados por informações advindas de outros autores ou a elas contrastados. Nesse sentido, os seguintes temas são enfocados: (a) inter-relações entre processos respondentes e operantes; (b) eliciação de respondentes no contexto de contingências operantes, com ênfase na compreensão da noção de efeitos colaterais; (c) aquisição de função eliciadora e discriminativa pelo evento antecedente; (d) aquisição de função discriminativa por eventos públicos e privados, com destaque a fenômenos emocionais e, assim, a ocorrências tidas como conscientes ou inconscientes no âmbito de relações de contingência operante; (e) aquisição de função eliciadora por fenômenos emocionais; (f) alteração de fenômenos emocionais por meio da emissão de operantes; e (g) operações estabelecedoras.

O enfoque de inter-relações entre processos respondentes e operantes abre espaço para a compreensão da ocorrência de fenômenos emocionais (item a). A complexidade das relações indivíduo-ambiente foi reconhecida por Skinner (1965, p. 116):

> [...] qualquer *unidade* de comportamento operante é, até certo ponto, artificial. O comportamento é atividade contínua, coerente, de um organismo integral. Ainda que possa ser

analisado em partes para propósitos teóricos ou práticos, precisamos reconhecer sua natureza contínua a fim de solucionar certos problemas usuais.

Skinner (1965, p. 205) afirma, ainda, que

[...] uma fonte comum de mal-entendidos é a negligência do que acontece quando variáveis se combinam de diferentes modos. Embora uma análise funcional comece com relações relativamente isoladas, parte importante de sua tarefa é mostrar como as variáveis interagem.

Esse posicionamento remete à noção de *causação múltipla* do comportamento, de acordo com a qual "o comportamento é sempre determinado por múltiplas variáveis; algumas podem ser mais importantes do que outras. O objetivo da *Análise do Comportamento* é examinar os múltiplos fatores que controlam o comportamento ao mesmo tempo" (Catania, 1998, p. 398).

Rehfeldt e Hayes (1998) também indicam que "o organismo está sempre se comportando e o ambiente está sempre presente" (p. 192), de maneira que "as duas contingências [respondente e operante] raramente, se é que em algum caso, ocorrem isoladamente, e ambas devem ser consideradas na Análise do Comportamento complexo" (p. 205)[25].

Baum (1994, p. 84) refere-se diretamente às relações entre contingência operante e ocorrência de fenômeno emocional.

Na maior parte das vezes [...] os sentimentos surgem em uma situação porque tal situação foi correlacionada com algum evento fisiologicamente importante – um reforçador, um punidor, ou um estímulo incondicionado. Em outras palavras, sentimentos e relatos de sentimentos resultam do condicionamento clássico que ocorre juntamente com a aprendizagem operante.

A esse respeito, Skinner (1965, p. 283) indica que "um único estímulo aversivo usado na punição elicia respondentes, condiciona outros estímulos a eliciar tais respondentes e torna possível o condicionamento do comportamento de esquiva"[26].

---

[25] Skinner (1965, p. 218-219) apresenta variáveis nos campos da emoção, da motivação e do reforço como categorias outras que não a de estímulo: "nossas reações são determinadas não apenas por estímulos, mas também por variáveis suplementares nos campos da emoção, motivação e reforço [...] as variáveis responsáveis pela soma algébrica não precisam ser estímulos. Um homem cujo 'coração não está em seu trabalho' exemplifica uma oposição entre contingências reforçadoras e variáveis no campo da motivação ou emoção".

[26] Uma outra citação de Skinner (1965), acerca das diferentes funções que um único estímulo pode apresentar, consta da seção 1.3 do capítulo 3 deste estudo. Ambas podem ser compreendidas, portanto, como complementares.

Assim, no contexto das relações estabelecidas entre antecedente, operante e consequência, pode ocorrer a eliciação de respondentes, correspondentes a respostas fisiológicas que participam de fenômenos emocionais e são tidas como efeitos colaterais ou subprodutos da contingência operante, e a aquisição de função eliciadora de tais respostas fisiológicas pelo evento antecedente, com base na relação temporal por ele estabelecida com o consequente. Inicialmente, é abordada a primeira ocorrência (item b) e, a seguir, a segunda (item c).

Os efeitos colaterais de contingências, de acordo com Skinner (1965, 1989), correspondem principalmente a emoções. Skinner (1985, p. 296) indica, por exemplo, que, "em uma explicação comportamental, o que o indivíduo sente é um estado diferenciado do corpo, e o que o indivíduo sente quando está se comportando ou prestes a se comportar é, assim, um produto colateral das causas do comportamento".

Por esse motivo, vale repetir, os respondentes eliciados pelo evento consequente e, posteriormente, pelo antecedente, estão descritos, no contexto do modelo interpretativo proposto, como respostas fisiológicas componentes de fenômenos emocionais (representados por r^1 e r^2, respectivamente). Skinner (1989, p. 127) refere-se a tal questão quando aponta os efeitos da punição: "quando uma resposta é seguida, digamos, por um choque, uma resposta emocional ao choque é condicionada de acordo com o condicionamento Tipo S (pavloviano). Aproximação à barra elicia tal reação, a qual reduz a força da pressão à barra".

Considero, portanto, que fenômenos emocionais correspondem a relações complexas, com componentes respondentes e operantes, conforme discutido na Introdução e no capítulo 3.

Skinner (1965, p. 279), no entanto, relaciona a noção de efeito colateral a outros comportamentos, além das emoções, como no caso em que destaca a inexistência de evidências "de que o pensar no jantar [...] seja mais que um efeito colateral da sineta e do processo de condicionamento". Catania (1998) também indica que qualquer efeito que acompanha o efeito principal, no qual um experimentador está interessado, é considerado colateral, o que torna a distinção arbitrária.

Por outro lado, Guilhardi (2003, p. 233), ao indicar que comportamentos operantes, comportamentos respondentes e estados corporais são produtos de contingências, lembra que

[...] não se deve atribuir nenhuma posição hierárquica de uma classe de comportamentos em relação à outra. É mais correto afirmar que tanto os comportamentos [operantes] como os sentimentos são *produtos colaterais* (repetindo Skinner, 1980, p. 25, grifo do autor) das *contingências de reforçamento*.

É esperado que o evento antecedente adquira função discriminativa, conforme a própria definição de contingência operante, e que adquira as propriedades eliciadoras inicialmente apresentadas apenas pelo evento consequente (item c). A esse respeito, Skinner (1938, p. 241) afirma que, "distinguindo entre um estímulo eliciador e um discriminativo, estou simplesmente argumentando que um estímulo pode ter mais de um tipo de relação com uma resposta".

Quanto à função discriminativa do evento antecedente à emissão da resposta operante, Skinner (1938, p. 178) indica que o indivíduo passa a responder "[...] sempre que um estímulo estiver presente, o qual esteve presente na ocasião de um reforçamento prévio, e a não responder, caso contrário. O estímulo anterior não elicia a resposta; ele meramente estabelece a *ocasião* na qual a resposta será reforçada".

No mesmo sentido, Skinner (1965, p. 108, grifos do autor) destaca que

Descrevemos a contingência dizendo que um *estímulo* (a luz) é a ocasião na qual uma resposta (estirar o pescoço) é seguida por reforço (alimento). Precisamos especificar os três termos. O efeito sobre o pombo é que ao final do processo a *resposta* se torna mais provável quando a luz está acesa. O processo através do qual isso acontece denomina-se discriminação [...] quando uma *discriminação* foi estabelecida, podemos alterar a probabilidade de uma resposta instantaneamente pela apresentação ou remoção do estímulo discriminativo.

Referências à aquisição de função eliciadora, além de discriminativa, pelo evento antecedente, se fazem presentes. Skinner (1992, p. 357) indica diretamente a ocorrência de relações nas quais estímulos verbais, públicos, podem apresentar função eliciadora e discriminativa: "o ouvinte reage ao estímulo verbal com reflexos condicionados, geralmente de um tipo emocional ou executando uma ação apropriada a uma dada situação"[27]. No mesmo sentido, segundo Skinner (1992, p. 439),

---

[27] Skinner (1992) destaca a relação entre falante e ouvinte definindo aquele como sendo "o organismo que se engaja em ou executa comportamento verbal" (p. 313) e este como quem serve de "mediador para as consequências do comportamento do falante [...] [não sendo o seu comportamento] necessariamente verbal em qualquer sentido especial" (p. 2).

O escritor compõe estímulos verbais que provocam (nele próprio e, incidentalmente, nos outros) respostas emocionais ou de outro tipo, ou que servem como indagações ou sugestões que permitem que ele se comporte verbalmente em ocasiões em que permaneceria calado por falta de energia ou de compreensão, ou por causa de circunstâncias punitivas.

Keller e Schoenfeld (1995, p. 256) fazem referência à aquisição de função eliciadora e discriminativa por eventos antecedentes nos seguintes termos:

[...] seria como se os estímulos discriminativos [eventos com função eliciadora e discriminativa], que antecipam o reforçamento positivo, produzissem [...] uma "agradável e alegre antecipação"; aqueles que antecipam reforçamento negativo [no sentido de punição positiva] causariam uma "desagradável antecipação de medo ou ansiedade".

Rehfeldt e Hayes (1998, p. 191-192) voltam-se à mesma questão, embora sem referência explícita a fenômenos emocionais, indicando que

[...] ampla evidência tem mostrado que classes operantes e respondentes não ocorrem isoladamente, mas interagem frequentemente. Em tais situações, estímulos respondentes condicionados sistematicamente afetam o responder operante que esteja ocorrendo em um dado momento. [...] O organismo pode, portanto, interagir com estímulos eliciadores e ocasionadores [discriminativos] em um único ambiente.

É importante ressaltar que eventos públicos e privados podem adquirir função discriminativa. Tal questão é discutida a seguir, com ênfase na aquisição de função discriminativa por fenômenos emocionais, o que abre espaço para a discussão de ocorrências tidas como conscientes ou inconscientes no âmbito de relações de contingência operante (item d).

A história de interação indivíduo-ambiente favorece a aquisição de função discriminativa por eventos públicos e privados. Assim, o indivíduo fica sob controle do conjunto de eventos com os quais entra em contato. A este respeito, Skinner (1965, p. 209-210) ressalta que

[...] não há qualquer oposição fundamental entre emoção e o comportamento "intelectual" do operante discriminado. O comportamento é frequentemente mais vigoroso e eficiente quando uma predisposição emocional trabalha na mesma direção que uma contingência de reforço. Isto está implícito quando dizemos que "o coração do homem está em seu trabalho", onde "coração" se refere a variáveis emocionais e "trabalho", a contingências de reforço. [...]

Em uma importante aplicação deste princípio, um estímulo discriminativo é combinado com outro estímulo discriminativo ou com outras variáveis.

Baum (1994, p. 83) exemplifica:

Algumas vezes, as dicas privadas para auto-relatos de intenção são óbvias.

Se meu estômago está roncando ou minha boca está seca, posso relatar que sinto vontade de comer ou beber. [...]

Algumas das dicas para auto-relatos intencionais podem ser públicas. Se eu me cortar, posso dizer "quero ir para o hospital" [...]

O conjunto de todas as dicas, públicas e privadas, que juntas definem o contexto, tornam provável que o indivíduo apresente auto-relatos intencionais como "eu quero", "eu desejo", "eu tenho vontade" etc.

Staddon (1973) também indica que um indivíduo, com base em sua história de contato com relações de contingência, passa a lançar mão de seus próprios fenômenos emocionais como dicas (estímulos discriminativos) para a emissão de determinados operantes.

Além disso, voltando às funções de estímulo de eventos privados, Skinner (1989, p. 46) indica que

[...] um organismo raramente se comporta sem efetivamente responder a seu próprio corpo. As contingências responsáveis pelo comportamento explicam essa espécie de autoestimulação. Muitas contingências diferentes são responsáveis pela auto-observação.

De acordo com Baum (1994, p. 207-208),

A história de reforçamento e punição de uma pessoa explica não apenas por que a pessoa rotula coisas como boas ou más, mas também por que o indivíduo se sente bem ou mal a respeito dessas coisas. As pessoas dizem que se sentem mal em situações nas quais seu comportamento foi punido; os eventos fisiológicos chamados "sentimentos"[28] funcionam,

---

[28] Baum (1994) apresenta o termo *sentimento* como sendo equivalente a *evento fisiológico*. A perspectiva empregada neste estudo, por outro lado, refere-se a emoções e sentimentos (ou, de uma maneira geral, a fenômenos emocionais)

> juntamente com o contexto público, como estímulos dis-
> criminativos que induzem esses relatos. As pessoas dizem
> sentir-se bem por motivos análogos, em situações nas quais
> [semelhantes às quais] seu comportamento foi reforçado.

Para além de tal perspectiva, valorizadora do conhecimento verbal ou consciente das relações estabelecidas, vale ressaltar que, para Skinner (1993, p. 169), "as relações controladoras entre comportamento e variáveis genéticas e ambientais são todas inconscientes [...] É necessário um ambiente verbal especial para impor consciência ao comportamento, induzindo uma pessoa a responder a seu próprio corpo enquanto está agindo". Neste mesmo sentido, Skinner (2002, p. 192) indica que, "sem ajuda de uma comunidade verbal, todo procedimento seria inconsciente. A consciência é um produto social". Relacionando o controle por contingências ao governo por regras, Skinner (1969, p. 126-127) ressalta que

> [...] há dois extremos: (1) o comportamento modelado apenas
> por contingências de reforço, caso em que respondemos
> "inconscientemente", e (2) o comportamento governado
> por regra, no qual as contingências das quais as regras são
> derivadas podem não nos ter afetado diretamente. Entre esses
> extremos está uma escala ampla de graus de "consciência".

É possível compreender, assim, a proposição de Skinner (1989, p. 3), segundo a qual "como as pessoas se sentem é frequentemente tão importante quanto o que elas fazem". A esse respeito, Guilhardi (2003, p. 239) posiciona-se nos seguintes termos: "eu me atreveria a dizer: até mais importante. O ser humano *sente antes de saber*", ou seja, anteriormente à ocorrência de discriminação verbal das relações de contingência – de maneira que seria suficiente *sentir-se inclinado a agir*. Tal afirmativa provavelmente é referente à ocorrência de eventos privados, como é o caso de respostas fisiológicas ou mesmo de fenômenos emocionais, com função discriminativa.

Fica destacada, portanto, a importância de fenômenos emocionais com função discriminativa no contexto de uma contingência operante, quer a discriminação ocorra consciente ou inconscientemente. Um ponto a esse relacionado é referente à aquisição, por tais fenômenos, de função eliciadora (item e).

De acordo com Skinner (1965, p. 179),

---

como comportamentos complexos, com componentes respondentes e operantes.

[...] é possível que a emoção também seja aversiva. As respostas de evitação podem ser interpretadas como, em parte, uma fuga dos componentes emocionais da ansiedade. Portanto, evitamos o consultório do dentista não apenas porque ele precede a estimulação dolorosa, sendo, pois, um reforçador negativo [estímulo aversivo], mas porque, tendo precedido tal estimulação, origina uma condição emocional complexa que também é aversiva.

Posteriormente, a partir de um experimento de esquiva sinalizada, Skinner (1989, p. 8) conclui que

[...] a condição sentida como ansiedade passa a funcionar como um segundo estímulo aversivo condicionado. Tão logo o som [primeiro estímulo aversivo condicionado] começa a gerar um estado particular no corpo do rato, o próprio estado estabelece, com o choque, a mesma relação que o som [condicionamento respondente, agora de segunda ordem] e passa a ter o mesmo efeito. A ansiedade torna-se então autoperpetuadora e mesmo autointensificadora.

No mesmo sentido, Coêlho (2006) cita diversos posicionamentos presentes na literatura da Análise do Comportamento, que relacionam a eliciação de ataques de pânico ao contato com eventos que correspondem a respostas fisiológicas características de ansiedade.

Por meio da eliciação de respondentes enquanto efeito colateral de contingências operantes, da aquisição de função eliciadora e discriminativa pelo evento antecedente e de função discriminativa e eliciadora por fenômenos emocionais, é possível verificar que a emissão de um operante é acompanhada por um conjunto de diferentes efeitos, os quais geram consequências que retroagem ao repertório comportamental geral do indivíduo. Skinner (1993, p. 266) exemplificou a perspectiva que expressa a variedade de ocorrências relacionadas ao controle por contingência operante:

Em um pôr-do-sol, em uma tempestade no mar, em um talo de grama ou em uma peça musical, há mais do que é sonhado pela filosofia ou explicado pela ciência. A exposição a uma única contingência de reforço gera um tipo especial de conhecimento, e os sentimentos ou os estados mentais introspectivamente observados a ele associados diferem amplamente dos que são produzidos quando uma pessoa segue uma regra ou obedece a uma lei. O especialista pode aproximar-se do fato único, mas nunca abarcar todos os seus aspectos.

Merece destaque a relação entre a emissão de um operante e a alteração de fenômenos emocionais, justificando a explicação de tais fenômenos por meio do modo causal de seleção por consequências. Nesse sentido, a ocorrência e a alteração do que é sentido pode depender de componentes respondentes da emoção (Skinner, 1965), mas estes, por sua vez, podem ser função da emissão de um operante (item f).

Acerca da alteração de fenômenos emocionais, por meio de mudanças em relações de contingência operante, Skinner (1993, p. 193) indica que,

> [...] quando estamos ajudando pessoas a agir de forma mais eficaz, nossa primeira tarefa parece ser modificar-lhes a maneira de sentir e, assim, o modo como agirão, mas um programa muito mais efetivo é mudar-lhes a maneira de agir e assim, incidentalmente, a de sentir.

Similarmente, Skinner (1989, p. 10) destaca a importância de alterações em contingências operantes quando alterações diretas em relações respondentes não são possíveis:

> sentimentos são mais facilmente modificáveis através de alterações nos ambientes [eliciadores] responsáveis pelo que é sentido. [...] Quando um ambiente não pode ser alterado, uma nova história de reforçamento pode mudar seu efeito.

Assim, embora a ocorrência e a alteração do que é sentido dependam de componentes respondentes da emoção, estes, por sua vez, podem ser função de contingências operantes. É importante levar em conta, em tal contexto, que,

> [...] na medida em que um novo operante é seguido por um estímulo consequente diferente, é esperado que respostas emocionais também diferentes acompanhem a relação de contingência. Considera-se, por exemplo, a possibilidade da emissão de operantes de enfrentamento como forma de substituir respostas de esquiva – o que é mais provável de ocorrer apesar da presença, inicialmente, de sensação de ansiedade, eliciada por determinados estímulos condicionados (Darwich; Tourinho, 2005, p. 116).

Em outras palavras, se a emissão de uma resposta operante gera o contato com um dado estímulo consequente, é esperado que a emissão de uma resposta operante diferente gere o contato com um estímulo consequente diferente. Esse é tipicamente o caso de emissão de respostas de esquiva, conforme descrito a seguir e representado no Quadro 3, de acordo com o modelo interpretativo de fenômenos emocionais aqui discutido.

A ocorrência de punição positiva, caracterizada pela relação entre resposta operante (R^1) e acréscimo de estímulo aversivo ($S^{C1} = s^1$), pode ser acompanhada por respostas fisiológicas (r^1) que caracterizam o medo, por exemplo. Além disso, a partir do contato com a punição, situações futuras semelhantes (S^A) passam a apresentar funções discriminativa (S^{D1}) e eliciadora (s^2) de respostas fisiológicas condicionadas (r^2), características de ansiedade. Em tal contexto, a emissão de uma resposta de esquiva (R^2) evita o contato com a estimulação aversiva (consequência referida como $S^{C2} = s^3$), sendo acompanhada por respostas fisiológicas (r^3) que caracterizam, por exemplo, alívio. Logo, a resposta de esquiva (R^2) tende a ser emitida diante de dois estímulos discriminativos — um externo (S^{D1}) e outro referente à sensação de ansiedade ($r^2 = S^{D2}$).

Quadro 3 – Alteração de fenômenos emocionais a partir da emissão de resposta operante

Antecedente	Resposta	Consequente	Resposta fisiológica
S^A	R^1	$S^{C1} = s^1 \rightarrow$	r^1
$S^A = SD^1 =$ $s^2 \rightarrow r^2 = SD^2$	R^2	$S^{C2} = s^3 \rightarrow$	r^3

Fonte: a autora

O modelo interpretativo de fenômenos emocionais não destaca relações que envolvem o conceito de operações estabelecedoras ou de estímulo com função estabelecedora (item g). Como justificativa para tanto, posicionamentos que aproximam a ocorrência de fenômenos emocionais à definição de operação estabelecedora são apresentados adiante. Uma discussão acerca de fenômenos emocionais assumirem função discriminativa e/ou estabelecedora ultrapassa, portanto, os objetivos deste estudo.

Michael (1982, p. 149) utiliza o termo *operação estabelecedora* para distinguir entre estímulo discriminativo e operações referentes à ocorrência de eventos com função tanto discriminativa, quanto motivacional. Segundo ele,

Operações tal como a privação têm dois efeitos diferentes sobre o comportamento. Um é aumentar a efetividade de algum objeto ou evento enquanto reforçador, e o outro é evocar o comportamento que, no passado, foi seguido por aquele objeto ou evento. "Operação estabelecedora" é sugerido como um termo geral para operações que têm esses dois efeitos.

De acordo com Catania (1998, p. 14), uma operação estabelecedora indica a criação de "condições sob as quais consequências podem tornar-se efetivas como reforçadoras ou punidoras". Nesse sentido, operações estabelecedoras modificam a função de um estímulo como reforçador ou aversivo e, assim, a efetividade das consequências, alterando a probabilidade do comportamento.

Miguel (2000) destaca a importância de análises que levem em conta a ocorrência de operações estabelecedoras por diferentes motivos, dentre os quais a atenção que chama para o fenômeno da motivação. Skinner (1965, p. 165), no entanto, sugere que "os campos da motivação e da emoção estão muito próximos. Na verdade, eles podem se superpor. Qualquer privação extrema provavelmente age como uma operação emocional".

No contexto de tais posicionamentos, vale acrescentar que emoções são apresentadas como exemplo de operações estabelecedoras (Michael, 1993; Perkins; Hackbert; Dougher, 1999). De acordo com Holland e Skinner (1961, p. 215), "do mesmo modo [que as condições de privação], as condições de emoção alteram a probabilidade de toda uma classe de respostas". Também segundo Dougher e Hackbert (2000, p. 16), "eventos que eliciam fortes reações emocionais [...] são exemplos de operações estabelecedoras".

Ao contrário da distinção entre estímulos com função discriminativa e estímulos com função estabelecedora, Moxley (1999), conforme citado anteriormente, destaca que Skinner, ao substituir o termo *estímulo discriminativo* por *contexto*, aí inclui todo um conjunto de variáveis antecedentes, históricas e atuais, com a participação de operações estabelecedoras. Ainda assim, as relações indicadas entre evento com função discriminativa (S^{D1}) e eliciadora (s^2) e resposta fisiológica (r^2), também enquanto evento com função discriminativa (S^{D2}) e eliciadora (s^3) de resposta fisiológica (r^3), no âmbito deste estudo (ver Quadro 1), não pretendem dar conta de discussões acerca da participação de variáveis motivacionais e, portanto, da ocorrência de operações estabelecedoras.

Após a abordagem de temas diretamente relacionados à proposição do modelo interpretativo de fenômenos emocionais, a aplicação de tal modelo é contrastada, a seguir, a duas questões, uma apresentada por Baron e Galizio (2005) e outra por Holland (1978). Nos casos examinados, o modelo clarifica as relações citadas pelos autores, permitindo uma interpretação alternativa e coerente com o modo causal de seleção por consequências. A aplicação do modelo é exemplificada com maior detalhamento no capítulo 5.

Baron e Galizio (2005, p. 86) consideram a possibilidade de o reforçamento positivo e o negativo constituírem *"mudanças* de uma condição de estímulo para outra, e não simplesmente a apresentação ou remoção de um estímulo". Os exemplos que ilustram tal perspectiva estão citados abaixo e descritos no Quadro 4, sendo discutidos em seguida com o auxílio das relações que compõem o Quadro 5.

> (a) uma criança liga a TV para ver um desenho; (b) tomo uma aspirina para aliviar a minha dor de cabeça. Qual é qual? [reforçamento positivo e negativo] [...] Ambos os exemplos de comportamento operante (ligar a TV, abrir o frasco do remédio) envolvem a produção de estímulos (o desenho, a aspirina) e consequências que põem fim a eventos anteriores (enfado, dor de cabeça). [...] nada existe, na distinção [...] que permita que se tenha certeza acerca de qual evento é decisivo (Baron; Galizio, 2005, p. 95-96).

Quadro 4 – Relações de contingência operante, segundo Baron e Galizio (2005)

Comportamento operante	Estímulo produzido	Consequência
ligar a televisão	desenho	cessação do enfado
tomar uma aspirina/abrir o frasco	aspirina	cessação da dor de cabeça

Fonte: a autora

Baron e Galizio (2005) diferenciam *produção de estímulos* de *consequências*, relacionando aquela à ocorrência de respostas operantes, e estas à cessação de respostas como *enfado* e *dor de cabeça*. Os termos assim utilizados levam a uma conclusão errônea, posto que respostas fisiológicas (que podem participar ou não de fenômenos emocionais) são representadas como eventos consequentes.

Os exemplos citados por Baron e Galizio (2005) refletem, portanto, uma aplicação inadequada do modelo skinneriano de contingência operante, podendo corresponder a demonstrações de propostas alternativas a ele, mas não à demonstração de falhas nele presentes. A investigação separada dos dois exemplos apresentados favorece o detalhamento dos problemas embutidos na proposta de Baron e Galizio, o que é realizado adiante tomando como base o modelo interpretativo proposto neste estudo, por este diferenciar e inter-relacionar os eventos que se desdobram a partir do estabelecimento de uma contingência operante (Quadro 5)[29].

Quadro 5 – Revisão das relações de contingência operante propostas por Baron e Galizio (2005)

Antecedente	Resposta	Consequente	Resposta fisiológica
$S^A = S^{D1} = s^2$ (televisão desligada) $\rightarrow r^2 = S^{D2}$ (enfado)	R^1 (ligar a televisão)	$S^{C1} = s^3 \rightarrow$ (desenho)	r^3 (cessação do enfado)
$S^A = S^{D3} =$ $s^4 \rightarrow r^4$ (dor de cabeça)	R^2 (abrir o frasco do remédio)	$S^{C2} = s^5 \rightarrow$ (aspirina)	r^5 (não especificado)
	R^3 (tomar aspirina)	$S^{C3} = s^6 \rightarrow r^6$ (cessação da dor de cabeça)	

Fonte: a autora

No caso identificado por (a), representado na primeira linha do Quadro 5, é possível verificar que a criança liga a TV (R^1) para ver um desenho ($S^{C1} = s^3$), o que é seguido pela ocorrência de respostas fisiológicas que caracterizam cessação do enfado (r^3). O que Baron e Galizio (2005) apontam como *mudanças de uma condição de estímulo para outra* implicaria, possivelmente, a diferença no contato com televisão desligada ($S^{D1} = s^2$) para o contato com o desenho ($S^{C1} = s^3$), e a diferença entre enfado ($r^2 = S^{D2}$) e cessação do enfado (r^3).

De acordo com a proposta skinneriana, no entanto, o acréscimo de estímulo reforçador (S^{C1}) após a emissão de uma resposta operante (R^1) implica a ocorrência de reforçamento positivo. Tal posicionamento parece

---

[29] Os eventos correspondentes a s^1 e s^2 estão implícitos no Quadro 5 porque se referem a ocorrências historicamente estabelecidas.

EMOÇÕES NA ANÁLISE DO COMPORTAMENTO

fazer mais sentido do que considerar as relações descritas como reforçamento negativo (por fuga), já que aí se estaria diante da ocorrência de uma *interrupção da ausência de contato* com reforçadores.

A explicação skinneriana, desdobrada por meio da aplicação do modelo de fenômenos emocionais proposto, é, no mínimo, mais funcional (por ser coerente com os princípios que a definem) e mais econômica (por não lançar mão de *não ocorrências* quando existe a possibilidade de referência a *ocorrências*) para a compreensão das relações estabelecidas entre indivíduo e ambiente.

De qualquer maneira, o contato com o desenho (S^{C1} = s^1) gera a cessação do enfado (r^3), o que é diferente da satisfação esperada como efeito colateral de ocorrência de reforçamento positivo. Impasses de tal natureza esclarecem por que relatos acerca de fenômenos emocionais não são tidos como variáveis confiáveis para a definição de uma contingência operante (Skinner, 1965).

O caso identificado por (b), representado pelas duas últimas linhas do Quadro 5, pode ser compreendido como um comportamento governado por regra, tendo em vista a contiguidade atrasada temporalmente entre a resposta de abrir o frasco do remédio (ou de tomar a aspirina) e a cessação da dor de cabeça. Por outro lado, Skinner (1965, p. 126), anteriormente à introdução, em sua proposta investigativa, da definição de comportamento governado por regra, indicou que, quando um intervalo decorre entre a emissão de uma resposta operante e o contato com um estímulo reforçador, "a efetividade do reforço é reduzida, mas o comportamento não é, de outra maneira, muito modificado".

Considerando esse último posicionamento, seria possível compreender que a resposta operante abrir o frasco do remédio (R^2) é seguida pelo acréscimo de um estímulo reforçador, a aspirina (S^{C2} = s^5), implicando a ocorrência de reforçamento positivo e de seus efeitos emocionais característicos. No entanto, o mero contato com a aspirina (S^{C2} = s^5) não está diretamente relacionado à cessação da dor de cabeça (r^6), a qual advém da resposta de tomar a aspirina (R^3).

No entanto, considerar a relação entre tomar uma aspirina (R^3) e a cessação da dor (r^6 – término do contato com um estímulo aversivo), caracterizando a ocorrência de reforçamento negativo, implica também considerar que a resposta fisiológica (r^6) representa, ela própria, a consequência (S^{C3} = s^6) gerada pela emissão da resposta operante (R^3). Tal situação decorre do fato de outra resposta fisiológica (dor de cabeça – r^4) ter adquirido função discriminativa (S^{D3}), na ausência de explicitação de um estímulo discriminativo público.

Também nesse segundo caso, o modelo skinneriano é mais funcional e econômico, desde que consideradas as inter-relações entre processos respondentes e operantes que se estabelecem no contexto citado. Ao que tudo indica, as duas questões anteriormente abordadas afastam a análise elaborada da proposta de aplicação do modo causal de seleção por consequências e, com isso, obscurecem desnecessariamente a função das variáveis que se relacionam entre si.

A questão apresentada por Holland (1978) reflete o conceito de esquiva em um contexto por ele tido como alternativo ao proposto por Skinner (1965). Enquanto Skinner define a esquiva como uma resposta que impede a ocorrência de eventos aversivos, Holland utiliza o termo para indicar a emissão de uma resposta que impede a perda de contato com estímulos reforçadores. Vale ressaltar, no entanto, que a perda de contato com reforçadores implica a ocorrência de um evento aversivo, referente à ocorrência de punição negativa. Holland pretende demonstrar que Skinner relacionou a esquiva à não ocorrência de punição positiva, deixando de lado a possibilidade de a resposta impedir a ocorrência de punição negativa (Quadro 6)[30].

> Absorvidos em nossa segurança e nossos benefícios [enquanto professores universitários] – hipotecas com juro baixo, taxas de seguro em grupo, benefícios educacionais para nossos familiares, pecúlios para a aposentadoria – levamos uma vida despreocupada enquanto conseguimos evitar perdê-la. Tecnicamente, reconhece-se esta contingência como um esquema de esquiva, mas, diferente de programas de terapia aversiva, esta é esquiva da retirada de reforçamento positivo (HOLLAND, 1978, p. 7).

Quadro 6 – Relação de contingência operante proposta por Holland (1978) e revista nos moldes skinnerianos

---

[30] No Quadro 6, as duas linhas separam análises alternativas, sendo a primeira referente à proposta por Holland (1978) e a segunda, à contingência skinneriana de reforçamento negativo. Os eventos correspondentes a s^1 e s^2 não são apresentados porque se referem a ocorrências historicamente estabelecidas.

Antecedente	Resposta	Consequente	Resposta fisiológica
$S^{A1} = S^{D1}$ (situação de contato com benefícios)	R^1 (evitar perder a vida despreocupada/trabalhar)	$S^{C1} = s^2 \rightarrow$ (manutenção de benefícios/evitação de perda de reforçadores)	r^2 (segurança/ despreocupação)
$S^{A2} = S^{D2} = s^3$ (situação de contato com benefícios); $\rightarrow r^3 = S^{D3}$ (preocupação com a perda de benefícios/ansiedade)	R^2 (trabalhar)	$S^{C2} = s^4 \rightarrow$ (manutenção de benefícios/evitação de contato com punição referente à perda dos benefícios)	r^4 (despreocupação/alívio)

Fonte: a autora

As relações descritas por Holland (1978) remetem a um contexto externo com função discriminativa — situação de contato com benefícios (S^{D1}), sinalizando as respostas operantes (R^1) que, sendo emitidas, evitam a perda de reforçamento ($S^{C1} = s^3$), sendo possivelmente seguidas por respostas fisiológicas (r^3) características de sensação de segurança e despreocupação. Nesse sentido, tais relações assemelham-se à definição skinneriana de reforçamento positivo, tendo em vista que a resposta identificada como *evitar perder a vida despreocupada* parece sinônima de *trabalhar*, resposta esta seguida *pela evitação de perda de reforçadores*, ou, em outros termos, pelo acréscimo do estímulo reforçador referente aos benefícios.

Alternativamente, tais relações podem ser construídas de maneira a favorecer o reconhecimento de uma contingência de esquiva nos moldes skinnerianos, conforme a segunda linha do Quadro 6. Para tanto, vale lançar mão do modelo interpretativo proposto neste estudo, com a ênfase na ocorrência de eventos públicos e privados com função discriminativa e diretamente da resposta operante "trabalhar" — em vez de "evitar perder a vida despreocupada".

De tal perspectiva, e seguindo a linha de raciocínio descrita por Holland (1978), o contato com benefícios apresenta função discriminativa (S^{D2}) e eliciadora (s^4) de respostas fisiológicas (r^4) características de preocupação ou ansiedade, as quais também apresentam função discriminativa (S^{D3}). A resposta operante (R^2) é tida como de esquiva na medida em que impede a ocorrência da punição representada pela perda de benefícios (S^{C2}). Em tal caso, a função do evento discriminativo público (S^{D2}) é pré-aversiva.

Conforme esperado nos casos de manutenção de resposta por reforçamento negativo, a resposta operante de trabalhar (R^2) é acompanhada pela ocorrência de respostas fisiológicas (r^5) características de sensação de despreocupação ou alívio, enquanto efeito colateral imediato. Também é esperado, no entanto, que respostas fisiológicas ($r^4 = S^{D3}$) características de preocupação ou ansiedade sejam renovadas continuamente, como resultado da manutenção da relação como um todo, o que corresponde à descrição de Holland (1978).

Vale ressaltar que a compreensão de tal perspectiva requer que se considere a existência de uma regra que relacione a presença dos benefícios ao trabalho (já que a relação entre ambos provavelmente não é temporalmente contínua) e a manutenção do emprego como incerta. Contingências sabidamente são tidas como relações diretas e imediatas entre eventos, ao contrário da noção de regra, referente à descrição de tais relações e, portanto, independente de qualquer contiguidade temporal entre os eventos, mas dependente de domínio de comportamento verbal.

Em linhas gerais, o modelo interpretativo de fenômenos emocionais associa a emissão de uma resposta operante a um contexto expandido a partir da noção de contingência de três termos, tendo em vista que a ocorrência de respostas fisiológicas é apresentada como sendo eliciada pelos mesmos eventos com função reforçadora ou aversiva e discriminativa, implicando a presença de inter-relações entre processos respondentes e operantes.

Tal modelo interpretativo, conforme ilustrado por meio das análises baseadas nos exemplos da literatura acima referidos, pretende ser coerente com o modo causal de seleção por consequências, no sentido de afastar a ocorrência de eventos privados da função de explicação comportamental, conforme discutido a seguir.

4.2 FENÔMENOS EMOCIONAIS E SELEÇÃO POR CONSEQUÊNCIAS NA ONTOGÊNESE

Nesta seção, é detalhada a proposta skinneriana de revisão de pressupostos tradicionalmente adotados na explicação comportamental. A construção histórica das diferentes funções assumidas por eventos públicos e privados no contexto de relações de contingência é abordada, destacando que a participação de eventos privados enquanto estímulos discriminativos não implica a aceitação de propostas mediacionais de explicação do comportamento. A discussão de Skinner (1987) acerca de dois efeitos diferentes do reforçamento positivo, o de fortalecimento da resposta operante e o de efeito colateral, é acrescentada, o que mais uma vez representa uma valorização de análises históricas e contextuais para a compreensão do comportamento.

Skinner (1945) afasta do papel de causa do comportamento tanto variáveis genéticas e fisiológicas quanto as ditas mentais, referentes a eventos privados. O sentir e o pensar são, portanto, considerados comportamentos, e não causa de comportamentos. Da mesma maneira, "condições corporais não são as causas do comportamento, mas os efeitos colaterais das causas" (Skinner, 1989, p. 25). Portanto, a proposta skinneriana constitui "provavelmente, a mudança mais drástica jamais proposta em nossa forma de pensar acerca do homem. Trata-se quase literalmente de virar pelo avesso a explicação do comportamento" (Skinner, 1993, p. 274).

Em linhas gerais, o modelo interpretativo de fenômenos emocionais pretende ser coerente com a perspectiva skinneriana de que a seleção comportamental é realizada pelo ambiente externo ao indivíduo que se comporta. Skinner (1984a) enfatizou a perspectiva de que propósitos, intenções e, de maneira geral, as noções tradicionais de *mente* e de *eu* participam da relação indivíduo-ambiente como o primeiro termo.

Assegurando que respostas verbais encobertas não devem ser confundidas com causa de comportamento aberto, Micheletto (1995, p. 173) afirma que, se

> [...] os pensamentos, planos, projetos... podem interferir na ação, deve-se compreender como o próprio pensamento se originou para sermos capazes de compreendê-lo completamente e para isto temos que olhar para a história passada de contingências.

Nesse sentido, a argumentação skinneriana destaca a importância da compreensão do comportamento humano nos contextos em que ele se apresenta historicamente, de maneira que uma resposta operante não pode ser explicada com base em variáveis exclusivamente referentes ao próprio indivíduo que a emite ou mesmo com referência apenas a variáveis presentes no momento.

Um indivíduo não agiria, portanto, por causa de suas intenções ou propósitos; mas, graças à sua história de relação com o ambiente, apresenta tanto determinadas intenções ou propósitos quanto respostas abertas. Afirmar que a história (filogenética, ontogenética e cultural) é necessária para a explicação comportamental implica não apenas considerar que diferentes respostas vão sendo adquiridas ao longo da vida de um indivíduo, sendo emitidas e eliciadas de acordo com os contextos em que ele se encontrar, mas também que os próprios contextos vão adquirindo funções específicas.

Em todo o caso, vale ressaltar que "Skinner enfatizou que esta determinação [externa do comportamento] não submete o homem como mero produto, coloca-o como agente, construtor deste ambiente que é marcado pelo fazer" (Micheletto, 1995, p. 161)[31]. A ocorrência de seleção, por parte do ambiente, depende da apresentação de uma resposta, por parte do organismo, a qual ocorre sob a influência inter-relacionada de variáveis genéticas e da história ambiental do indivíduo. Este é construído continuamente à medida que interage com um ambiente selecionador das respostas que apresenta, mas isso decorre de tais respostas serem, elas próprias, responsáveis por alterações no ambiente selecionador.

Nesse sentido, fenômenos emocionais, enquanto eventos privados, com suas funções de resposta e de estímulo, são explicados pela história de contato com contingências, sendo "vistos como o resultado, ao invés de como a origem da interação entre comportamento e ambiente" (Silva, 1998, p. 137). Para Skinner (1993, p. 57),

> [...] quando os utilitaristas sustentaram que prazer e dor eram os "motivos que influenciavam o comportamento humano", referiram-se às sensações associadas às consequências, e não às causas. A análise experimental das contingências de reforçamento coloca tais questões em melhor ordem.

Mais especificamente, Skinner (1993, p. 52) indica que "os sentimentos [*feelings*] são meramente produtos colaterais das condições responsáveis pelo comportamento", portanto de relações de contingência operante.

No sentido de tal argumentação, Holland e Skinner (1961, p. 216) indicam que

---

[31] Skinner, desde o início de seus estudos, não partilha de uma visão de homem como ser meramente passivo diante da ação do ambiente, tendo em vista que ele se baseia em um conceito de "'reflexo' que poderia ocorrer 'livremente', isto é, que 'não necessitava' da apresentação sistemática do estímulo (no estilo dos estudos fisiológicos e psicológicos do início do século XX)" (Sério, 1990, p. 360).

> [...] o cientista deve, a cada caso, descobrir as operações que modificam a frequência de uma classe de respostas. As emoções – medo, raiva etc. – não são em si mesmas causas do comportamento. [...] Quando deixamos de receber um reforçamento costumeiro, dizemos que estamos frustrados. Estamos relatando um estado emocional produzido pelo término (eliminação) de um reforço usual.

Skinner (1993, p. 55-56) apresenta a seguinte relação entre o sentir e o valor reforçador de estímulos: "é equivocado dizer que a comida é reforçadora *porque* sentimos fome [...] A *condição* sentida como fome é que foi selecionada ao longo da evolução da espécie como a mais imediatamente envolvida no reforço operante". É compreensível que o sentir não causa o comportamento de procurar alimento na medida em que, enquanto estímulo discriminativo, apenas sinaliza possíveis consequências para a emissão de tal operante (de maneira que um indivíduo não necessariamente procura por alimento quando sente fome). Ao longo da ontogênese, operantes que resultam no contato com diferentes alimentos em diferentes situações são selecionados (ou não) por suas consequências em cada caso, sendo que fenômenos emocionais também acompanham as mudanças que ocorrem no indivíduo, na medida em que ele é um todo.

Vale ressaltar, ainda, que considerar que *o que as pessoas sentem* assume função discriminativa contrasta com propostas mediacionais de explicação do comportamento. Skinner (1993, p. 237) afirma que o fisiologista do futuro "será capaz de mostrar como um organismo é modificado quando exposto a contingências de reforço e por que o organismo modificado se comporta então de forma diferente, possivelmente em uma data muito posterior".

Por seu turno, Timberlake, Schaal e Steinmetz (2005, p. 305) destacam a possibilidade de as lacunas temporais entre eventos serem preenchidas "por meio de processos neurais relacionados à memória". DeGrandpre (2000) desenvolveu uma perspectiva segundo a qual *aprendizagem, reforçamento* e *reforçador*, apontados como princípios da psicologia operante, provêm a base para uma ciência do significado. O significado é adotado como variável independente na medida em que, sendo especificado pelo reforçamento, orienta o comportamento. No entanto, na medida em que o controle por contingências não depende de conhecimento verbal das relações estabelecidas entre o indivíduo e o ambiente, a *lacuna temporal* não parece depender de *memórias*, no sentido de lembranças conscientes, nem da mediação de *significados*.

Em linhas gerais, de acordo com Skinner (1984a, p. 16-17),

> Contingências de seleção necessariamente repousam no passado; elas não estão agindo quando o efeito delas é observado. [...] Diz-se que pessoas armazenam informação sobre contingências de reforçamento e as recuperam em ocasiões posteriores. Mas elas não consultam cópias de contingências passadas para descobrir como se comportar, elas se comportam de determinadas maneiras porque foram modificadas por aquelas contingências.

A esse respeito, Micheletto (1995, p. 170) indica que

> [...] as consequências ocorridas no passado são determinantes não porque estas consequências são acumuladas ou memorizadas pelo homem ou organismo [...] As ocorrências passadas modificam o organismo, a pessoa, alteram sua forma de se relacionar com o mundo.

Também segundo Silva (1998, p. 137-138),

> O presente torna-se um passado que constrói o futuro. Por conseguinte, qualquer ato instantaneamente deixa atrás de si uma pessoa modificada. [...] As variáveis que controlam o comportamento repousam não no futuro, [mas] no passado e em um presente que desvanece em passado. [...]
>
> Ao invés de um originador autônomo, o eu é concebido como uma convergência momentânea do nosso passado filogenético, ontogenético e cultural.

Por fim, ressalto que respostas fisiológicas componentes de fenômenos emocionais, enquanto eventos com diferentes funções e derivados de uma dada história de condicionamento, podem relacionar-se com a emissão de operantes de diferentes maneiras. Partindo da ocorrência de dois efeitos diferentes da contingência de reforçamento positivo, o fortalecimento da resposta operante e o prazer, Skinner (1987, p. 23) descreve possíveis dificuldades que considera caracterizarem a cultura a ele contemporânea, na medida em que esta cria "muitas oportunidades de se fazer coisas que têm consequências prazerosas, mas que não são as coisas com respeito às quais as consequências se tornaram fortalecedoras" ao longo da história evolutiva da espécie. O acesso facilitado ao efeito prazeroso do reforçamento, no mundo ocidental atual, estaria sendo acompanhado, portanto, por um enfraquecimento das relações de contingência estabelecidas ao longo da evolução.

Como exemplo, para ver uma paisagem do alto, pode-se, em vez de escalar uma montanha, assistir a um filme sobre o local, o que implica a substituição do comportamento de escalar pelo de olhar. Nesse sentido, "o ocidente é rico em coisas que chamamos de interessantes, bonitas, deliciosas [...]. Essas coisas tornam o cotidiano mais reforçador, mas reforçam pouco mais do que o comportamento que nos coloca em contato com elas" (Skinner, 1987, p. 23-24).

Skinner (1987) apresenta fenômenos emocionais como sendo variáveis pouco confiáveis para a compreensão do controle ambiental sobre respostas operantes. Faz sentido considerar que o prazer nem sempre acompanha uma inclinação para agir, no mesmo sentido que uma resposta que gerou prazer, no passado, nem sempre, ao ser repetida, é seguida das mesmas consequências. Ressalto, no entanto, que o contato com uma situação externa semelhante à que estava presente quando do reforçamento apenas *aumenta a probabilidade* de repetição da resposta. Assim, os mesmos argumentos dirigidos às funções do ambiente tido como interno ao indivíduo aplicam-se às funções do ambiente externo.

A explicação comportamental deriva, portanto, da investigação da ocorrência de eventos ambientais e comportamentais no contexto em que ocorrem e por meio das inter-relações que estabelecem devido à história particular do indivíduo em questão. Dessa forma, o modo causal de seleção por consequências é um instrumento investigativo adequado à explicação de fenômenos emocionais dos quais participam relações operantes e respondentes, o que é organizado sistematicamente, neste estudo, por meio do modelo interpretativo proposto.

5

APLICAÇÃO DO MODELO INTERPRETATIVO DE FENÔMENOS EMOCIONAIS À REALIZAÇÃO DE ANÁLISES FUNCIONAIS

Nas seções seguintes, o modelo interpretativo de fenômenos emocionais, descrito no capítulo 4, é aplicado a argumentações disponíveis na literatura da Análise do Comportamento. Os temas foram selecionados por sua importância para a compreensão da proposta analítico-comportamental no que tange à investigação de fenômenos emocionais. Abordo, inicialmente, dois posicionamentos de Skinner: o primeiro acerca das contingências de reforçamento positivo e negativo, por meio da defesa da adoção de modalidades explicativas complementares ao modo causal de seleção por consequências, no caso da manutenção comportamental (Skinner, 1984b), e o segundo referente a discussões acerca das metáforas de repressão e libertação de comportamento verbal (Skinner, 1992).

A seguir, discuto uma revisão da literatura da Análise do Comportamento acerca do tema *ansiedade*, realizada por Coêlho (2006), e, por fim, posicionamentos apresentados por Perkins, Hackbert e Dougher (1999) acerca de possíveis funções da interpretação no contexto clínico. Em todos os casos, demonstro que a aplicação do modelo interpretativo de fenômenos emocionais proposto favorece a elaboração de conclusões coerentes com o modo causal de seleção por consequências.

5.1 REFORÇAMENTO POSITIVO E NEGATIVO

Nesta seção, discuto o papel de contingências de reforçamento positivo e negativo na manutenção comportamental com base em posicionamentos adotados por Skinner, contrapondo as argumentações por ele propostas ao modelo interpretativo de fenômenos emocionais apresentado neste estudo.

Skinner (1984a), no artigo "Selection by Consequences", opõe suas ideias a análises internalistas e busca, mais uma vez, explicação para o isolamento a que a Análise do Comportamento tendeu a ser relegada no contexto da psicologia. O texto em questão foi submetido à análise de psicólogos e profissionais de áreas afins, resultando na publicação conjunta de 24 comentários, todos respondidos pelo próprio Skinner (1984b).

De maneira geral, os comentários ao artigo envolvem restrições à extensão dos princípios da teoria da seleção natural para a compreensão de relações comportamentais na ontogênese. De tal contexto, destaco o posicionamento de Bolles (1984, p. 483), que aponta a importância de se continuar buscando por fatores mediacionais entre o comportamento e o ambiente, para além do alcance do modo causal de seleção por consequências, no caso da manutenção de respostas.

> A teoria evolucionária está constantemente em busca de mecanismos mediacionais para as condições antecedentes que apresentam desafios para a sobrevivência dos animais e para as complicadas interações entre animal e ambiente. Em suma, a maior parte do conhecimento evolucionário envolve-se com causação proximal [*proximate*] e mecanismos mediacionais. E o importante princípio dominante de causação última [*ultimate*], a causação por consequências, embora amplamente considerada como confiável, raramente é citada como explicação para alguma coisa. Na análise de Skinner para o comportamento, a situação é justamente oposta. Ele tende a confiar no reforçamento como princípio explicativo e a descartar mecanismos mediadores (por exemplo, quando há um estímulo discriminativo que possa ser pensado como eliciando (sic) o operante, não é permitido a ele fazer coisa alguma, ele meramente "estabelece a ocasião"). Assim a ideia de seleção por consequências tem que assumir toda a responsabilidade [pela explicação].
>
> O problema é que as diferentes modalidades explicativas não deveriam competir entre si, mas complementar-se.

Skinner (1984b) concorda com a argumentação de Bolles e reafirma tal perspectiva em resposta aos comentários de Boulding, na página 503, de Katz, na página 506, e de Plotking e Odling-Smee, na página 506[32].

> Em seu último parágrafo, Bolles apresenta um ponto interessante. Como uma modalidade explicativa, a seleção é

---

[32] Perone (2003, p. 6), após destacar diferentes passagens nas quais Skinner aponta pontos desvantajosos e prejudiciais do reforçamento positivo, comenta: "você pode perguntar-se se eu citei Skinner fora de contexto. Eu não penso assim. Ele repete o ponto principal muitas vezes". O mesmo argumento é válido para a discussão aqui apresentada, posto que Skinner (1984b) repete em diferentes momentos a mesma argumentação, que restringe a aplicação do modo causal de seleção por consequências à instalação comportamental.

responsável apenas pela novidade, pelas origens. Esta é a forma pela qual ela difere da modalidade causal da física. Uma vez que uma dada estrutura tenha sido selecionada pela seleção natural, e uma vez que um comportamento tenha sido modelado por reforçamento operante, a seleção, como uma modalidade causal, fez seu trabalho, e um modelo mecânico pode ser suficiente. Uma avaliação do estado presente do organismo – as respostas em seu repertório, as consequências reforçadoras relevantes, os estímulos controladores – não precisa, em absoluto, envolver a seleção. Nem tampouco uma explicação neurológica de como essas variáveis são inter-relacionadas. Apenas se essas estruturas ainda estiverem mudando será necessário considerar a seleção como uma modalidade causal. Na medida em que elas são os produtos da seleção, uma causalidade "mecânica" é suficiente [...].

Como digo na minha resposta a Bolles, a seleção relaciona-se com origens: uma vez que o sistema passou a existir, ele pode ser estudado de outras formas [...].

A palavra-chave no título de Darwin é "origem". [...] A seleção é um modo causal apenas no sentido de que causa a novidade – quer na origem de espécies, na modelagem de novos operantes ou na invenção de práticas culturais (1984b, p. 503-506).

A partir da observação de Bolles (1984), Skinner faz referência à adoção de um modelo mecânico para a explicação da manutenção comportamental. No contexto utilizado, o termo *modelo mecânico* reflete a presença de relações de causa e efeito e, assim, estímulo-resposta (embora, no caso em questão, a resposta seja operante). Skinner não esclareceu de que maneira o estímulo discriminativo *eliciaria* o operante (conforme citado como possibilidade por Bolles), deixando apenas subentendido que a emissão do operante dependeria do contato com o estímulo antecedente.

Nesse sentido, um indivíduo emite uma resposta anteriormente selecionada, independentemente da consequência no presente, mesmo porque a previsão acerca da função do estímulo consequente é uma questão de probabilidade. Dessa forma, a ligação entre o estímulo discriminativo (antecedente), e a resposta, estabelecida quando do condicionamento, seria suficiente para explicar a manutenção comportamental[33].

---

[33] Carrara (2005, p. 369) afirma que "o que o behaviorismo radical pretende é considerar o ambiente (sociocultural, biofísico e bioquímico) como condição fundamental para que se instalem ou se alterem, ou se eliminem comportamentos". Assim, Carrara restringe o papel do ambiente à instalação e alteração comportamentais, curiosamente não se referindo, portanto, à manutenção.

Skinner (1984b) iniciou uma análise cujas implicações não são desenvolvidas no texto em questão. À primeira vista, ele aparenta ter concordado com a adoção de um modelo mecânico para a explicação da manutenção comportamental. Argumento, no entanto, que relações mecânicas entre eventos ambientais e comportamentais podem ser compreendidas no contexto do modo causal de seleção por consequências, e não em detrimento dele ou em oposição a ele. Ilustrando tal perspectiva, lanço mão do modelo interpretativo descrito na seção anterior, acompanhado de um exemplo (ver Quadro 1).

Na medida em que se considera a aquisição de função discriminativa (S^{D1}) e eliciadora (s^2) pelo evento antecedente (S^A), pode-se compreender a ocorrência de fenômenos emocionais (r^2) que antecedem a emissão de um operante (R) como igualmente resultantes da história de condicionamento do indivíduo ($S^A - s^1$) e, assim, como variáveis dependentes. Ainda que os fenômenos emocionais (r^2) também adquiram função discriminativa (S^{D2}) e, portanto, que os estímulos discriminativos relevantes, na relação de contingência tríplice, se encontrem presentes nos ambientes externo (S^{D1}) e interno (S^{D2}), a explicação comportamental permanece dependente das relações historicamente estabelecidas entre resposta operante e consequência ($R - S^C$).

Além disso, não se faz necessário assumir que um estímulo discriminativo (S^{D1}; S^{D2}) *elicia* o operante (R) (Bolles, 1984). Como exemplo, a raiva ($r^2 = S^{D2}$) que um indivíduo sente *explica* suas ações agressivas *desde que* se compreenda que tanto a emoção ($r^2 = S^{D2}$) quanto as respostas operantes (R) foram condicionadas anteriormente, de maneira que, a partir de então, ocorrem juntas (Skinner, 1965). Nesse sentido, respostas fisiológicas (r^2) e operantes (R) são, respectivamente, componentes respondentes e operantes do fenômeno emocional.

No mesmo sentido, tomo o seguinte exemplo: um indivíduo (1), diante de uma briga (S^A), posiciona-se de maneira a apartá-la (R^1), o que consegue com relativa facilidade ($S^{C1} = s^1$), sentindo-se confiante (r^1). Em situação futura semelhante ($S^{D1} = s^2$), é possível que ele se sinta confiante ($r^2 = S^{D2}$) e tente novamente apartar (R^1) a briga, o que significa que a resposta foi selecionada na situação anterior. Assim, tal resposta (R^1) passou a ser emitida diante de determinados estímulos com função discriminativa e eliciadora condicionada, relacionados à ocorrência de uma briga ($S^{D1} = s^1$), mas também da sensação de confiança ($r^2 = S^{D2}$). O contato com os estímulos discriminativos (S^{D1}; S^{D2}) explica a ocorrência da resposta do indivíduo com a história aqui em questão. Desse modo, a relação tenderá a permanecer enquanto a consequência ($S^{C1} = s^1$) gerada pela emissão da resposta operante (R^1) se mantiver.

Vale ressaltar que, diante de uma situação semelhante, um outro indivíduo (2), com outra história, pode emitir operantes diferentes, como olhar a briga ou afastar-se (R^2), bem como se sentir satisfeito, ansioso ou incomodado (r^3), por exemplo. Além disso, um terceiro indivíduo (3) que se sinta confiante, capaz de apartar a briga (r^2), pode não o fazer (R^2), ainda que, aparentemente, se encontre diante de estímulos discriminativos muito semelhantes — briga e sensação de confiança (S^{D1}; S^{D2}). Ganha destaque, assim, a importância das inter-relações estabelecidas entre todas as variáveis para a compreensão da manutenção comportamental (Quadro 7)[34].

Quadro 7 – Variações comportamentais a partir de histórias particulares

Indivíduo	Antecedente	Resposta	Consequente	Resposta fisiológica
1	S^A	R^1 (apartar)	$S^{C1} = s^1$	r^1
	$S^{D1} = s^2 \rightarrow r^2 = S^{D2}$			
2	$S^{D1} = S^2 \rightarrow r^3 = S^{D2}$	R^2 (olhar/afastar-se)		
3	$S^{D1} = s^2 \rightarrow r^2 = S^{D2}$	R^2		

Fonte: a autora

As questões relacionadas à manutenção comportamental, anteriormente discutidas, são referentes à emissão de respostas operantes sob controle de reforçamento positivo. Em linhas gerais, respostas selecionadas tendem a ser repetidas diante de aspectos da situação atual que anteriormente adquiriram função discriminativa. Uma questão adicional está relacionada ao controle comportamental por reforçamento negativo, abordada a seguir por meio de uma análise baseada na interação entre respostas verbais e de ansiedade, no contexto de uma discussão acerca das metáforas da repressão e da libertação de comportamento verbal, apresentada na quinta parte do livro *Verbal Behavior* (Skinner, 1992).

---

[34] As células em branco correspondem a variáveis não especificadas no contexto analisado.

Skinner (1992, p. 399) chama atenção para um aumento na probabilidade de emissão de respostas alternativas (com função de fuga-esquiva), após o contato com punição, enquanto expressão de *repressão* da resposta punida. Além disso, ele indica como contextos não coercitivos podem *libertar* o comportamento verbal, na medida em que se mostram não punitivos. Em seus próprios termos:

> [...] tanto as audiências humorísticas quanto as literárias "libertam" o comportamento verbal dos efeitos da correção ou da repressão atribuíveis, em última análise, à punição. O comportamento verbal pode ser forte (por causa de uma história de reforçamento poderoso, por exemplo, ou de extrema privação) ainda que tenha sido punido, mas não é emitido. Metaforicamente, dizemos que ele foi suprimido, deslocado, encoberto ou reprimido.

Skinner (1992, p. 400) afirma que "a metáfora da repressão e da libertação é infeliz porque representa mal vários processos no ato de fundi-los em um só". Em sua análise, no entanto, ele não esclarece as operações que viabilizam a aquisição de função eliciadora por estímulos antecedentes à resposta operante e de função discriminativa pelas respostas de ansiedade, o que se pretende apresentar, adiante, por meio do modelo interpretativo de fenômenos emocionais proposto neste estudo.

Da análise skinneriana, destaco três momentos, os quais definem diferentes relações de contingência (Quadro 8). Em um primeiro momento, ocorre contato com punição positiva: em um dado contexto (S^{A1}), uma resposta operante (R^1) foi emitida e seguida pelo contato com um estímulo aversivo (S^{C1}) e por respostas fisiológicas (r^1) identificadas, por exemplo, como medo. Nesse sentido, o evento correspondente a S^{C1} também apresenta função eliciadora (s^1) para r^1.

Em um segundo momento, ocorre controle por reforçamento negativo: em contextos semelhantes ao inicial (S^{A1}), uma resposta diferente (R^2) passa a ser emitida, acarretando consequências outras que não a punição (S^{C2}), o que, por sua vez, gera respostas fisiológicas (r^2) identificadas como alívio. Da mesma forma que ocorre com S^{C1}, o evento correspondente a S^{C2} apresenta função eliciadora (s^2) para r^2.

Em um terceiro momento, ocorre contato com reforçamento positivo: diante de um contexto diferente (S^{A2}), uma nova emissão da resposta inicialmente punida (R^1) é seguida pelo contato com um estímulo reforçador (S^{C3}) e por respostas fisiológicas identificadas como satisfação (r^3), considerando que o mesmo evento também apresente função eliciadora (s^3)[35].

Nesse sentido, por exemplo, se um indivíduo toca em um tema tido como tabu (R^1) pelas pessoas com as quais se relaciona (S^{A1}), e estas, como consequência, o repreendem (SC1 = s^1), ele pode sentir-se amedrontado (r^1) diante da punição e passar a falar sobre temas diferentes (R^2). No entanto, é provável que ele se sinta particularmente atraído por filmes, peças de teatro etc. (S^{A2}) que tratem do tema, no sentido de, em tais contextos, ser capaz de emitir respostas de aproximação (R^1) e entrar em contato com o reforçamento (S^{C3} = s^3) e a sensação de satisfação (r^3) daí provenientes.

Quadro 8 – Variações comportamentais a partir do contato com punição

Momento	Contingência	Antecedente	Resposta	Consequente	Resposta fisiológica
1º	punição (positiva)	S^{A1}	R^1	$S^{C1} = s^1 \rightarrow$	r^1
2º	reforçamento negativo		R^2	$S^{C2} = s^2 \rightarrow$	r^2
3º	reforçamento positivo	S^{A2}	R^1	$S^{C3} = s^3 \rightarrow$	r^3

Fonte: a autora

No primeiro momento, referente ao contato com punição positiva, ocorre o seguinte condicionamento respondente: ao mesmo tempo ou imediatamente após o contato com o evento antecedente (S^{A1}) à emissão da resposta operante (R^1), ocorre o evento com função aversiva (S^{C1}) e eliciadora (s^1) de resposta fisiológica (r^1), de maneira que o evento antecedente (S^{A1}) passa a apresentar função eliciadora condicionada (s^2) de respostas fisiológicas semelhantes (r^2). Vale ressaltar que o evento antecedente (S^{A1}) também adquire função discriminativa (S^{D1}), devido à relação inicial entre resposta operante (R^1) e consequência (S^{C1}) (Quadro 9).

---

[35] Os efeitos colaterais referentes a r^2 e r^3 (alívio e satisfação) são utilizados de maneira a acompanhar o raciocínio de Skinner (1992). Extrapolando o âmbito de tal análise, outras possibilidades poderiam ser levantadas, por causa da história de punição, como a permanência de ansiedade, ainda que diante de contextos diferentes.

O condicionamento da resposta fisiológica componente de fenômeno emocional justifica a afirmativa de Skinner (1992, p. 400) que relaciona a presença de ansiedade a "estágios incipientes de comportamentos [anteriormente] punidos", dos quais o falante foge. O contexto ambiental apresenta função de estímulo discriminativo público (S^{D1}), mas também de eliciador condicionado (s^2) e, assim, gera respostas fisiológicas (r^2) características de ansiedade, as quais têm função de estímulo discriminativo privado (S^{D2}) para a emissão do operante (R^2). No caso de ocorrência de reforçamento negativo, nesse segundo momento, segue-se um evento com função não aversiva e eliciadora ($S^{C2} = s^3$) de respostas fisiológicas (r^3) identificadas como alívio, por exemplo.

Quadro 9 – Aquisição de funções eliciadora e discriminativa no contexto de contingências operantes

Momento	Contingência	Antecedente	Resposta	Consequente	Resposta fisiológica
1º	punição positiva	S^{A1}	R^1	$S^{C1} = s^1$ →	r^1
2o	reforçamento negativo	$S^{A1} + s^1$ →			
		$S^{A1} = S^{D1}$ $= s^2$ → r^2	R^2	$S^{C2} = s^3$	r^3

Fonte: a autora

Em linhas gerais, a análise skinneriana valoriza inter-relações entre processos respondentes e operantes, ainda que nem sempre o faça explicitamente ou de maneira a identificar as ocorrências comportamentais e ambientais a cada passo. Na maioria de tais análises, a compreensão da ocorrência e das funções de fenômenos emocionais fica prejudicada. Por seu turno, o modelo interpretativo de fenômenos emocionais aqui proposto esclarece as inter-relações entre processos respondentes e operantes que muitas vezes permanecem apenas implícitas nas análises oferecidas, favorecendo a compreensão das diferentes funções das variáveis envolvidas. As próximas seções também são desenvolvidas com o intuito de demonstrar tal argumentação.

5.2 ANSIEDADE NA LITERATURA DA ANÁLISE DO COMPORTAMENTO

A aplicação do modelo interpretativo de fenômenos emocionais aqui proposto é exemplificada, a seguir, por meio de diferentes enfoques referentes à definição de ansiedade, a partir de informações apresentadas por Coêlho (2006). Citações, principalmente de Skinner, são acrescentadas para fundamentar e, em alguns casos, complementar as argumentações apresentadas. Pretendo demonstrar que, mesmo quando restritas a alguns dos aspectos que caracterizam a ansiedade, as análises podem ser estendidas de maneira a explicitar possíveis inter-relações entre processos respondentes e operantes, gerando explicações valorizadoras do fenômeno em sua complexidade.

De acordo com Coêlho (2006), no contexto da literatura da Análise do Comportamento, eventos com função de resposta e/ou de estímulo participam de relações respondentes e operantes, não verbais e verbais que definem a ansiedade de diferentes perspectivas, incluindo propostas referentes à participação de relações indiretas entre eventos. O único ponto em comum encontrado entre os autores investigados é referente à definição de ansiedade por meio da exposição do indivíduo a um evento com função de estímulo sinalizador (ou discriminativo) e de estímulo eliciador de respostas fisiológicas características do fenômeno. Ainda assim, há divergências quanto à contingência operante da qual o estímulo discriminativo participa e à função do estímulo eliciador, embora a maioria dos autores o considere como pré-aversivo.

A primeira definição de ansiedade aqui abordada corresponde à diminuição na taxa de emissão de um operante mantido por reforçamento positivo (supressão condicionada), diante de impossibilidade de fuga-esquiva, seguida da apresentação das diferentes funções que podem ser adquiridas pelas respostas fisiológicas características de tal fenômeno emocional. Investigo, ainda, a ocorrência de condicionamento respondente das respostas fisiológicas a eventos ambientais inespecíficos, o que abre espaço a uma possível distinção entre ansiedade e depressão e à abordagem da noção skinneriana de comportamento supersticioso (Quadro 10). Por fim, abordo a definição de ansiedade no contexto de estímulos sinalizadores de reforçamento positivo (Quadro 11).

Skinner (1965, p. 127) indica que o atraso na apresentação de um estímulo gera efeitos especiais, como *expectativa* ou *antecipação*, com a participação de componentes emocionais: "é mais fácil observar isto quando o estímulo 'antecipado' é aversivo –o estado emocional, em um caso assim, é denominado 'ansiedade'". Os termos *expectativa* e *antecipação* indicam a presença de um estímulo sinalizador de punição e eliciador, pré-aversivo, bem como retratam o componente operante relacionado à supressão do responder enquanto o estímulo aversivo não é apresentado.

Inter-relações entre processos respondentes e operantes explicam as diferentes ocorrências que caracterizam tal definição de ansiedade (Quadro 10). Em uma determinada situação (S^{A1}), a emissão de uma resposta operante (R^1) é seguida pela apresentação de um evento com função reforçadora (S^{C1}) e eliciadora (s^1) de respostas fisiológicas (r^1) características do reforçamento positivo. Assim, o evento antecedente (S^{A1}) adquire as funções de estímulo discriminativo (S^{D1}) e de estímulo eliciador condicionado (s^2) de respostas fisiológicas (r^2) semelhantes.

Em tal contexto, dois eventos são apresentados em uma sequência marcada por um lapso temporal e de maneira não contingente à emissão de uma resposta operante (o que é representado por X) — o primeiro é inicialmente neutro (S^{A2}), e o segundo tem função aversiva (S^{C2}) e eliciadora (s^3) de respostas fisiológicas (r^3) características da punição. Dessa maneira, o evento antecedente (S^{A2}) adquire as funções de estímulo discriminativo (S^{D2}) e de estímulo eliciador condicionado ou pré-aversivo (s^4) de respostas fisiológicas (r^4) definidas como ansiedade. No período entre a apresentação do evento com função sinalizadora pré-aversiva ($S^{D2} = s^4$) e o contato com o evento com função aversiva e eliciadora ($S^{C2} = s^3$), ocorre a supressão condicionada de R^1. Além disso, as respostas fisiológicas características de ansiedade (r^4) podem apresentar função discriminativa (S^{D3}) e eliciadora (s^5), implicando aumento da ansiedade (r^5).

EMOÇÕES NA ANÁLISE DO COMPORTAMENTO

Quadro 10 – Relações definidoras de ansiedade a partir do contato com estimulação aversiva

Antecedente	Resposta	Consequente	Resposta fisiológica
S^{A1}	R^1	$S^{C1} = s^1 \rightarrow$	r^1
$S^{A1} = S^{D1} =$ $s^2 \rightarrow r^2$			
S^{A2}	X	$S^{C2} = s^3 \rightarrow$	r^3
$S^{A2} = S^{D2} =$ $s^4 \rightarrow r^4 = S^{D3} = s^5 \rightarrow r^5$	supressão de R^1		

Fonte: a autora.

As diferentes linhas separam conjuntos de eventos temporalmente subsequentes.

As respostas fisiológicas que participam da definição de ansiedade não são, portanto, apenas eliciadas por estímulos antecedentes, mas também correspondem, elas próprias, a eventos com funções discriminativa e eliciadora. Coêlho (2006) acrescenta que tais fenômenos também apresentam função estabelecedora. Nesse sentido, levanto a hipótese de que as operações relacionadas à iminência de punição inevitável ($S^{D2} = s^4$), das quais resultam as respostas fisiológicas características de ansiedade (r^4), estabelecem a ocasião para a ocorrência de supressão condicionada do responder operante, por meio da alteração da função reforçadora do estímulo que, sob condições diferentes (S^{D1}), exerce controle operante (S^{C1}).

Ainda a respeito da noção de operação estabelecedora, Coêlho (2006) cita análises que destacam, de uma maneira geral, a possibilidade de eventos não verbais (como a privação) e verbais (como cognições errôneas ou interpretações catastróficas) alterarem a sensibilidade do organismo a outros eventos ambientais, tornando a ansiedade mais provável.

Para além do estabelecimento das relações acima descritas, vale ressaltar que o evento que inicialmente apresenta função eliciadora (s^1) pode ocorrer diante de eventos ambientais inespecíficos, no sentido de não terem sido pré-definidos. Em tal caso, é esperada a ocorrência de condicionamento respondente acidental das respostas fisiológicas características de ansiedade. Segundo Skinner (1965, p. 179),

> A morte repentina de um amigo íntimo, por exemplo, por vezes é seguida por uma depressão continuada que pode ser verbalizada como um sentimento de que "alguma coisa está

> para acontecer", como um "sentimento de predestinação" etc. [...] Quando dizemos que uma morte foi repentina ou ocorreu sem aviso, queremos dizer que não houve estímulo antecedente a ela particularmente associado [a resposta emocional é condicionada acidentalmente]. Os estímulos que receberam a força do condicionamento foram, portanto, os elementos indistintos da vida cotidiana. [...] Os reflexos emocionais condicionados, assim como as predisposições emocionais condicionadas, podem ser ativados quase que constantemente.

As inter-relações entre eventos, descritas no Quadro 10, explicam a situação acima descrita, desde que se considere que o evento antecedente (S^{A2}) se refere a aspectos não especificados do ambiente. Assim, a morte repentina do amigo é um evento que apresenta função aversiva (S^{C2}) e eliciadora (s^3) de respostas fisiológicas (r^3) características da punição, no caso, negativa (a função aversiva não foi explicitada por Skinner possivelmente por ele não ter relacionado os eventos citados à emissão de um operante). Ainda que a relação estabelecida entre o evento com função aversiva e eliciadora ($S^{C2} = s^3$) e os demais aspectos do ambiente seja acidental, os eventos presentes (S^{A2}) tendem a adquirir função discriminativa (S^{D2}) e eliciadora ou pré-aversiva (s^4). Dessa forma, o indivíduo passa a apresentar respostas fisiológicas características de ansiedade (r^4), provavelmente difíceis de justificar para si próprio.

Coêlho (2006) contrasta a condição de previsibilidade de ocorrência iminente de punição, no caso da ansiedade, proveniente do contato com o estímulo sinalizador pré-aversivo ($S^{D2} = s^4$), com a condição de imprevisibilidade que caracteriza a depressão, relacionada à inexistência de sinalização. Com base no posicionamento de Skinner (1965), relaciono a situação de depressão com o contato (continuado) com estímulos sinalizadores pré-aversivos ($S^{D2} = s^4$) que adquiriram tais funções por meio de uma conexão acidental com um evento com função aversiva e eliciadora ($S^{C2} = s^3$) – como no caso da ocorrência de morte repentina de um amigo íntimo.

Ocorrências semelhantes são apontadas por Skinner (1948, 1969, 1989) e Morse e Skinner (1957) como responsáveis pela geração de comportamento supersticioso. Holland e Skinner (1961, p. 93-94) também relacionam a ocorrência de condicionamento respondente a eventos inespecíficos ao comportamento supersticioso.

> Quando os cheiros, cores etc. de um determinado abrigo anti-aéreo [SA2] são associados com estímulos incondicionados provenientes de um ataque aéreo [s3], isto constitui um exemplo de uma associação acidental. [...]
>
> Se, posteriormente, o cheiro do abrigo anti-aéreo [s4] eliciar o padrão de respondentes do "medo"[36] [r4], isto é um exemplo de um reflexo condicionado, o qual é supersticioso, pois a associação de estímulos foi acidental.

No sentido indicado por Holland e Skinner (1961), o abrigo antiaéreo corresponde a uma situação inicialmente indiferenciada (S^{A2}), a qual é acidentalmente pareada com estímulos incondicionados (s^3). Assim, aspectos da situação inicial (como o cheiro) adquirem função eliciadora condicionada (s^4) de respostas fisiológicas componentes de fenômenos emocionais (r^4).

Ainda quanto à definição de ansiedade por meio da ocorrência de contato com um estímulo sinalizador, Coêlho (2006) cita a possibilidade de tal estímulo, em vez de ser pré-aversivo, anteceder reforçamento e, ainda assim, eliciar ansiedade (Quadro 11)[37]. A diferença na situação de ansiedade que antecipa o reforçamento positivo é que ela não daria origem a uma queixa clínica.

Em tal caso, um evento com função reforçadora e eliciadora ($S^{C3} = s^6$) é apresentado independentemente da emissão de uma resposta operante específica (situação representada por X^2), acompanhado por respostas fisiológicas (r^6) características do reforçamento positivo. Se um determinado evento (S^{A3}) esteve presente na situação, anteriormente ao contato com o evento com função reforçadora e eliciadora ($S^{C3} = s^6$), de maneira que um lapso de tempo os separa, o evento anterior (S^{A3}) passa a apresentar, ele também, funções discriminativas (S^{D4}) e eliciadoras condicionadas (s^7) de respostas fisiológicas (r^7) também características do reforçamento positivo.

Dependendo da história anterior do indivíduo em tal situação, o tempo que decorre entre a sinalização do reforçamento (S^{D4}) e a apresentação do estímulo reforçador (S^{C3}) pode adquirir também função aversiva (S^{C4}). Desa forma, o evento com função sinalizadora e eliciadora ($S^{D4} = s^7$) de reforçamento (S^{C3}) também apresenta função sinalizadora de punição (S^{C4}), no sentido de contato com o lapso temporal, e função eliciadora (s^8) de respostas fisiológicas características de ansiedade (r^8).

---

[36] A palavra *medo* foi empregada por Holland e Skinner (1961) no sentido geralmente atribuído ao termo *ansiedade* no contexto da literatura da análise do comportamento, ou seja, enquanto uma resposta condicionada.

[37] Os índices alfabéticos e numéricos utilizados, nos Quadros de 11 a 13, estão apresentados em ordem crescente, a partir dos que constam no Quadro 10, de maneira a favorecer a compreensão das diferentes análises apresentadas por Coêlho (2006) acerca da definição de ansiedade.

Quadro 11 – Relações definidoras de ansiedade a partir de contato com estímulo reforçador no contexto de déficit no autocontrole

Antecedente	Resposta	Consequente	Resposta fisiológica
S^{A3}	X^2	$S^{C3} = s^6 \rightarrow$	r^6
$S^{A3} = S^{D4} =$ $s^7 \rightarrow r^7$		$S^{C3} = s^6 \rightarrow$ $S^{C4} = s^8 \rightarrow$	$r^6; r^8$

Fonte: a autora

Coêlho (2006) levanta a hipótese de que a sinalização de reforçamento, após um lapso temporal, tenderia a ser acompanhada por respostas fisiológicas características de ansiedade em indivíduos cuja história gerou um repertório deficiente de respostas de autocontrole. Tal posicionamento faz sentido na medida em que déficit no autocontrole está relacionado à emissão de respostas que geram o contato com reforçamento positivo, apesar das consequências aversivas futuras. Em tais casos, portanto, o contato com um lapso temporal (S^{C4}) até o reforçamento (S^{C3}) tende a ser especialmente aversivo.

Vale acrescentar que, contrariamente às situações descritas por Coêlho (2006), Skinner (1965, p. 180) indica que a perspectiva de contato com reforçamento não geraria ansiedade, mas alegria e contentamento, além de predisposições relacionadas a um aumento na atividade operante (em vez da diminuição tipicamente encontrada na ansiedade, relacionada à noção de supressão condicionada). "Isto é particularmente óbvio no comportamento de crianças pequenas – por exemplo, na véspera de um feriado ou de uma festa". Skinner considera, portanto, que a ocorrência de respostas fisiológicas, enquanto componentes respondentes da ansiedade, não define o fenômeno quando da ausência dos componentes operantes que a caracterizam.

A segunda definição de ansiedade aqui discutida é referente à ocorrência de respostas fisiológicas em um contexto marcado pela emissão de respostas operantes sob controle de reforçamento negativo. Tal perspectiva é apresentada com base na seguinte relação entre ansiedade e emissão de respostas de fuga-esquiva, descrita por Skinner (1965, p. 178).

> Um estímulo que preceda caracteristicamente um forte reforçador negativo [estímulo aversivo] tem um efeito de longo alcance. Ele evoca comportamento que foi condicionado pela redução de ameaças semelhantes e também elicia respostas

emocionais fortes. A vítima do ladrão não apenas entrega a carteira e apresenta grande probabilidade de correr, mas também passa por uma reação emocional violenta que é característica de todos os estímulos que levam ao comportamento de evitação.

As inter-relações entre processos respondentes e operantes apontadas por Skinner (1965) podem ser contextualizadas historicamente por meio das seguintes ocorrências (Quadro 12): em uma determinada situação (S^{A4}), a emissão de uma resposta operante (R^2) é seguida pela apresentação de um evento com função aversiva (S^{C5}) e eliciadora (s^9) de respostas emocionais (r^9) características de punição; o evento antecedente (S^{A4}) adquire função discriminativa (S^{D5}) e eliciadora condicionada (s^{10}) de respostas fisiológicas definidoras de ansiedade (r^{10}); a emissão de uma resposta de esquiva eficiente (R^3), por definição, implica a ausência de contato com o estímulo aversivo (S^{C5}). Tal consequência é aqui referida como S^{C6}, compreendida como um evento que também apresenta função eliciadora (s^{11}) de respostas fisiológicas (r^{11}) características da ocorrência de reforçamento negativo, como as identificadas com alívio.

Quadro 12 – Reforçamento negativo na definição de ansiedade

Antecedente	Resposta	Consequente	Resposta fisiológica
S^{A4}	R^2	$S^{C5} = s^9 \rightarrow$	r^9
$S^{A4} = S^{D5} =$ $s^{10} \rightarrow r^{10} = S^{D6}$	R^3	$S^{C6} = s^{11} \rightarrow$	r^{11}

Fonte: a autora

Coêlho (2006) também se refere às respostas fisiológicas características de ansiedade como estímulos aversivos dos quais o indivíduo se esquiva. Nesse sentido, no contexto do exemplo apresentado por Skinner (1965, p. 231), entregar a carteira é uma resposta de fuga (R^3) emitida na presença do ladrão ($S^{D5} = s^{10}$) e de estímulos discriminativos referentes às respostas fisiológicas que ele próprio apresenta ($r^{10} = S^{D6}$). Holland e Skinner (1961) concluem, inclusive, a partir de achados experimentais, que "ansiedade é necessária para um comportamento de esquiva adequado".

Na medida em que a resposta de fuga (R^3) é eficiente, ou seja, é reforçada (negativamente), as diferentes relações entre os eventos permanecem intocadas, e as respostas fisiológicas características de ansiedade ($r^{10} = S^{D6}$) são mantidas.

Uma terceira definição de ansiedade é referente à ocorrência de respostas fisiológicas em um contexto marcado pela emissão de respostas operantes sob controle de reforçamento positivo. De acordo com as informações reunidas por Coêlho (2006), tais situações são caracterizadas principalmente pelo reforçamento social à ocorrência de ansiedade, portanto tendem a envolver a participação de comportamento verbal.

A principal diferença em relação à situação descrita no Quadro 12 é referente às funções do evento consequente à emissão da resposta operante, no sentido de, nesse caso, tratar-se de reforçamento positivo. Assim, R^3 corresponderia, por exemplo, a um comentário acerca da sensação de ansiedade ($r^{10} = S^{D6}$). Tal relato verbal, ou mesmo a expressão não verbal de ansiedade, geraria, como consequência, atenção social.

A quarta definição de ansiedade aqui abordada é referente à participação de operantes verbais, uma outra fonte de controvérsias entre os autores investigados por Coêlho (2006). Nesse caso, respostas fisiológicas características de ansiedade podem ser eliciadas por meio do contato com operantes verbais.

Cipani (1990) destaca o papel de operantes verbais na alteração comportamental, de uma maneira geral. A questão é restrita à possibilidade de aquisição de função eliciadora por operantes verbais por meio de relações diretas e indiretas. Nesse último caso, as relações indiretas apontadas como responsáveis pela eliciação de respostas fisiológicas características de ansiedade implicam a apresentação de estímulos verbais e não verbais nos moldes de procedimentos de equivalência de estímulos ou por meio de formação de quadros relacionais, portanto com base na noção de bidirecionalidade da linguagem (Friman; Wilson; Hayes, 1998 *apud* Coêlho, 2006)[38].

A esse respeito, vale destacar que a relação entre respostas fisiológicas e nomeação implica um pareamento entre estímulo condicionado e neutro, bem como uma inversão na ordem de apresentação dos eventos em um procedimento típico de condicionamento. Alguns autores, como Hayes, Strosahl e Wilson (1999), indicam que a ocorrência de condicionamento, em tais casos, depende da aquisição anterior de comportamento verbal, devido à bidirecionalidade da linguagem.

---

[38] Millenson (1975 *apud* Coêlho, 2006) refere-se à supressão do responder operante diante de eventos semelhantes ao estímulo sinalizador pré-aversivo como resultado de um processo de generalização. Nesse sentido, eventos verbais ou não verbais podem adquirir função eliciadora das respostas fisiológicas características de ansiedade também por meio de generalização.

É esperado, no entanto, que o estímulo neutro adquira função eliciadora também quando apresentado posteriormente ao incondicionado (ou condicionado, no caso de condicionamento de segunda ordem) (Pierce; Epling, 1999; Martin, 2001), o que fortalece a hipótese de que a noção de condicionamento reflexo é fundamental, se não imprescindível, para explicar a relação entre a emissão de operantes verbais e a ocorrência de ansiedade, ainda que relações indiretas também sejam estabelecidas entre os eventos envolvidos.

Friman, Hayes e Wilson (1998 *apud* Coêlho, 2006, p. 13) indicam que, quando estímulos verbais e não verbais adquirem as mesmas funções por meio de relações indiretas, "o controle da resposta de ansiedade por um estímulo verbal teria sempre dimensões operantes". Os posicionamentos que destacam a ocorrência de respostas fisiológicas no contexto de relações apenas operantes implicam uma alternativa de explicação à seguinte observação de Coêlho (2006 p. 37): "o lugar das mudanças fisiológicas em uma concepção analítico-comportamental da ansiedade ora passa sem uma discussão, ora conduz a proposições não coincidentes".

No tocante aos posicionamentos de Skinner (1965), as relações respondentes participam da ocorrência de todos os fenômenos emocionais, ainda que não sejam suficientes para defini-los. A esse respeito, Friman, Hayes e Wilson (1998 p. 139) indicam que "a fisiologia não pode ser a essência da ansiedade porque ela é parte de muitos tipos de evitação". Em todo o caso, é possível concluir que, mesmo quando processos operantes são enfatizados, as inter-relações que eles historicamente estabelecem com processos respondentes que participam da ocorrência do fenômeno devem ser consideradas.

Favorecendo tal perspectiva, Coêlho (2006, p. 81) verifica que as diferentes propostas de intervenção para o tratamento de ansiedade se voltam, em última instância, para a alteração das respostas fisiológicas que compõem o fenômeno: "[...] mesmo quando se enfatizam aspectos operantes não verbais ou verbais, a ênfase recai sobre intervenções que sejam capazes de provocar uma diminuição de frequência, intensidade ou duração dos sintomas físicos característicos da ansiedade".

Coêlho constata, além disso, que alterações fisiológicas são adotadas como medida para as pesquisas experimentais sobre a ansiedade.

Ainda que a aquisição de função eliciadora de respostas fisiológicas, por um evento verbal, advenha não de relações diretas entre estímulos, mas de relações indiretas, o modelo interpretativo de fenômenos emocionais proposto neste estudo pode ser igualmente utilizado, sendo considerada a ocorrência anterior de *condicionamento semântico* (Quadro 13).

Este é o caso, por exemplo, em que respostas fisiológicas (r^{12}) que correspondem a eventos que adquiriram função discriminativa (S^{D8}) são descritas (R^4) pelo indivíduo que as apresenta, sendo que tal autoverbalização (R^4) tem função eliciadora condicionada (s^{13}) de respostas fisiológicas igualmente componentes de ansiedade (r^{13}). Da mesma maneira, a nomeação (R^5) de um objeto ou de situação que anteriormente adquiriu função discriminativa (S^{D7}) e eliciadora (s^{12}) de respostas fisiológicas características de ansiedade (r^{12}) elicia (s^{14}) reações semelhantes (r^{14}).

Outras possibilidades correspondem à eliciação das respostas fisiológicas (r^{15}) a partir da enunciação de uma autorregra ($R^6 = s^{15}$)[39] ou de cognições errôneas (com o mesmo sentido da relação $R^6 = s^{15}$). Nesses dois últimos casos, a situação antecedente, na qual a emissão do operante verbal (R^6) com função eliciadora (s^{15}) é emitida, não necessita envolver a ocorrência de respostas fisiológicas características de ansiedade (r^{12}).

Quadro 13 – Componentes verbais na definição de ansiedade

Antecedente	Resposta
$SA^7 = S^{D7} =$	$R^4 = s^{13} \rightarrow r^{13}$
$s^{12} \rightarrow r^{12}$	$R^5 = s^{14} \rightarrow r^{14}$
$= S^{D8}$	$R^6 = s^{15} \rightarrow r^{15}$

Fonte: a autora

Por meio dessas análises, desenvolvidas a partir da aplicação do modelo interpretativo aqui proposto, pretendo destacar que argumentos que esclarecem a ocorrência de inter-relações entre diferentes processos, respondentes e operantes, abertos e encobertos, verbais e não verbais, favorecem a compreensão de fenômenos emocionais em sua complexidade. Quando os relatos referentes à ocorrência de fenômenos emocionais abarcam poucos elementos, o modelo facilita a explicitação de outras variáveis. Além disso, diante da proposição de análises que extrapolam a aplicação do modelo skinneriano de relações de contingência, como é o

---

[39] É possível que a mesma função atribuída a autorregras seja válida em um contexto de seguimento de regras (enunciadas por terceiros).

caso das relações ditas indiretas, a demonstração de inter-relações entre diferentes variáveis pode assumir o papel de explicação alternativa dos fenômenos investigados.

5.3 O PAPEL DA INTERPRETAÇÃO NO CONTEXTO TERAPÊUTICO

Complementando a investigação do papel de inter-relações entre processos respondentes e operantes para a explicação comportamental, abordo, a seguir, posicionamentos adotados por Perkins, Hackbert e Dougher (1999) no capítulo intitulado "Interpretation in clinical behavior analysis", acerca de possíveis funções da interpretação no contexto clínico.

Perkins, Hackbert e Dougher (1999, p. 291) indicam que interpretações apresentadas pelo terapeuta ao cliente "são ferramentas potencialmente valiosas para a mudança comportamental, e que os princípios da Análise do Comportamento podem ser aplicados em contextos clínicos para maximizar seus benefícios". Nesse sentido, eles se valem de discussões apresentadas no âmbito da Psicoterapia Analítica Funcional (FAP) e de propostas de autoria própria sobre o tema, visando à investigação de diferentes funções que interpretações podem assumir no contexto terapêutico.

Relações de contingência apresentadas por Perkins, Hackbert e Dougher (1999) são detalhadas adiante por meio de quadros como forma de contrastar as perspectivas adotadas ao modelo interpretativo de fenômenos emocionais proposto neste estudo. Pretendo destacar, assim, possíveis vantagens da utilização desse modelo na elaboração de análises funcionais.

Perkins, Hackbert e Dougher (1999, p. 296) enfatizam inicialmente a importância de interpretações (definidas enquanto sinônimo de explicação) que lançam mão de variáveis históricas, chamando atenção para o fato de que aquelas que

> [...] invocam apenas contingências de reforçamento imediatamente controladoras podem ser inadequadas [...] [porque] provêm apenas explicações parciais de comportamento. No mínimo, elas não explicam como tais contingências passaram a exercer controle.

Ilustrando tal perspectiva, os autores oferecem os seguintes exemplos de interpretações, aqui discutidos com base nos Quadros 14 a 19.

> Elas [as interpretações] podem incluir todos os elementos de contingências de reforçamento e de operações estabelece-

doras[40] relevantes (por exemplo, "você parece ter aprendido, de relações anteriores, que é melhor evitar intimidade, se quiser evitar magoar-se") [Quadro 14], ou enfocar elementos individuais (por exemplo, "você não gosta que as pessoas se aproximem de você", ou "deve realmente ter magoado você quando ele disse aquilo") [Quadro 15]. Elas podem referir-se a comportamento que ocorre fora da sessão (por exemplo, "não terminar sua dissertação é uma maneira de não ter que perder o suporte e a estimulação que você tem na situação atual") [Quadro 16], na sessão (por exemplo, "você parece incomodado quando pergunto sobre seus sentimentos") [Quadro 17], ou ambos ("acho que sua irritação aqui tem o mesmo propósito de manter distância que em suas [outras] relações") [Quadro 18]. As interpretações podem voltar-se ao que parecem ser relações funcionais óbvias ou [...] podem procurar revelar significados ou propósitos ocultos de comportamento (por exemplo, "acho que o fato de você contar uma história sobre o seu chefe exigente tem algo a ver com minha pergunta sobre seus atrasos a nossas sessões") [Quadro 19] (Perkins; Hackbert; Dougher, 1999, p. 295).

As relações descritas no Quadro 14 são referentes a uma história marcada pela emissão de respostas de aproximação (R^1) a uma pessoa significativa (S^A), gerando contato com estimulação aversiva ($S^{C1} = s^1$) referente à ocorrência de brigas e/ou separações (punição positiva e/ou negativa), seguidas de respostas fisiológicas (r^1) correspondentes à mágoa, por exemplo. Daí decorre o condicionamento de resposta de ansiedade (r^2) à presença do evento antecedente ($S^A = s^2$). Além disso, as respostas atuais do cliente, de distanciamento (R^2) de pessoas significativas ($S^{D1} = s^2$), de uma maneira geral, caracterizando esquiva, geram consequências diferentes ($S^{C2} = s^3$), como a manutenção de relações superficiais, acompanhadas de respostas fisiológicas também diferentes (r^3), correspondentes a alívio ou ausência de sensação de mágoa.

Nesse contexto, o terapeuta apresentou a seguinte resposta: "Você parece ter aprendido, de relações anteriores, que é melhor evitar intimidade, se quiser evitar magoar-se".

---

[40] Perkins, Hackbert e Dougher (1999) referem-se à presença de operações estabelecedoras no contexto do exemplo em questão possivelmente em referência aos fenômenos emocionais envolvidos.

Quadro 14 – Interpretação que lança mão de variáveis históricas

Historicamente			
Antecedente	Resposta	Consequente	Resposta fisiológica
S^A (pessoa significativa[1])	R^1 (aproximação)	$S^{C1} = s^1 \rightarrow$ (brigas/ separações)	r^1 (mágoa)
Atualmente			
Antecedente	Resposta	Consequente	Resposta fisiológica
$S^A = S^{D1} = s^2$ (pessoa significativa[2]) $\rightarrow r^2 = S^{D2}$ (ansiedade)	R^2 (distanciamento)	$S^{C2} = s^3 \rightarrow$ (relações superficiais)	r^3 (alívio/ ausência de mágoa)

Fonte: a autora

Conforme demonstrado anteriormente, a aplicação do modelo interpretativo proposto neste estudo apresenta a vantagem de especificar inter-relações entre variáveis históricas, com destaque ao provável contato com contingências de punição e seus efeitos colaterais, de maneira a esclarecer as ocorrências atuais.

Os exemplos detalhados no Quadro 15 enfocam elementos individuais, posto que as interpretações oferecidas se referem à constatação de apenas algumas das variáveis que participam de uma situação atual. Dessa forma, são apresentadas, ao cliente, interpretações segundo as quais ele identifica a presença de pessoas ou a ocorrência de uma determinada fala ($S^{D1} = s^2$) de pessoa significativa, bem como as alterações em suas condições corporais ($r^2 = S^{D2}$), como algo de que ele não gosta ou que o magoa. Os demais termos das relações de contingência estabelecidas não foram identificados pelos autores, mas, ao que tudo indica, também caracterizam a ocorrência de reforçamento negativo (S^{C2} representando ausência de contato com situação aversiva), seguido de respostas fisiológicas identificadas como alívio, por exemplo.

Possíveis relações envolvidas na instalação de respostas como as aqui descritas compõem a primeira parte do Quadro 14 (referente a relações historicamente constituídas). Assim, a resposta operante (R^2), o estímulo consequente ($S^{C2} = s^3$) e as respostas fisiológicas (r^3) correspondem às que estão demonstradas na segunda parte do mesmo quadro (em referência a relações atuais).

Nesse contexto, o terapeuta apresentou as seguintes respostas: "Você não gosta que as pessoas se aproximem de você"; "deve realmente ter magoado você quando ele disse aquilo".

Quadro 15 – Interpretação que enfoca elementos individuais

Antecedente	Resposta	Consequente	Resposta fisiológica
$S^{D1} = s^2$ (aproximação de pessoas; fala de uma pessoa significativa) $\rightarrow r^2 = S^{D2}$ (sensação identificada como "não gosto"; mágoa)	R^2	$S^{C2} = s^3 \rightarrow$	r^3

Fonte: a autora

A aplicação do modelo interpretativo aos exemplos demonstrados esclarece a presença de componentes respondentes e operantes das sensações citadas, com destaque à função discriminativa de eventos (estímulos e respostas) que participam de relações respondentes ($S^{D1} = s^2$; $r^2 = S^{D2}$). A presença de eventos com função tanto discriminativa quanto eliciadora abre espaço para a compreensão de ocorrências passadas de condicionamento de resposta fisiológica componente de fenômeno emocional, as quais favorecem a explicação das relações presentes.

Em se tratando das relações que compõem o Quadro 16, o cliente emite uma resposta de esquiva (R^1), compor a dissertação lentamente, que é eficiente quanto à manutenção da situação atual de suporte ($S^{C1} = s2$), ao contrário do que seria o contato com uma contingência de punição negativa, correspondente à retirada do suporte ($S^{C3} = s^4$) em suas relações interpessoais, no caso da conclusão do trabalho, o que geraria sensações que o cliente imagina que seriam desagradáveis (r^4).

A emissão de resposta de esquiva (R^1), no entanto, também coloca o cliente em contato com punição positiva, no sentido de o texto permanecer incompleto ($S^{C2} = s^3$). Cada contingência é acompanhada de reações emocionais específicas, sendo esperado que o cliente sinta alívio (r^2), pela manutenção da situação de suporte, mas também sensações desagradáveis (r^3), pelo trabalho incompleto.

Nesse contexto, o terapeuta apresentou a seguinte resposta: "Não terminar sua dissertação é uma maneira de não ter que perder o suporte e a estimulação que você tem na situação atual".

Quadro 16 – Interpretação que se refere a comportamento que ocorre fora da sessão

Antecedente	Resposta	Consequente	Resposta fisiológica
$S^{D1} = s^1$ (pessoas que oferecem suporte/ dissertação) $\rightarrow r^1 = S^{D2}$ (ansiedade)	R^1 (compor a dissertação lentamente)	$S^{C1} = s^2 \rightarrow$ (manutenção do suporte); $S^{C2} = s^3 \rightarrow$ (dissertação incompleta)	r^2 (alívio); r^3 (sensações desagradáveis)
	R^2 (conclusão da dissertação)	$S^{C3} = s^4 \rightarrow$ (retirada do suporte)	r^4 (sensações imaginadas como desagradáveis)

Fonte: a autora

Considero que um maior detalhamento da situação de impasse expressa pela interpretação do terapeuta é conseguido por meio da aplicação do modelo interpretativo de fenômenos emocionais na medida em que se visualiza, além do controle por reforçamento negativo, uma situação mais complexa da qual também participa o contato do cliente com punição positiva.

Quanto às relações que compõem o Quadro 17, a interpretação oferecida pelo terapeuta resume uma relação anteriormente condicionada, enfocando as características atuais (com ênfase na função eliciadora – s – da pergunta do terapeuta). A pergunta também demonstra apresentar função discriminativa (S^{D1}), no sentido de sinalizar, ao cliente, alta probabilidade de punição (S^C) em tal contexto (o que não foi explicitado por Perkins e cols., 1999). Considero que as respostas fisiológicas apresentadas pelo cliente, referidas como "incômodo", também apresentam função discriminativa (S^{D2}) ou passam a ser percebidas por ele a partir da fala do terapeuta. Em todo o caso, algumas respostas (R) emitidas pelo cliente correspondem aos componentes operantes do incômodo percebido pelo terapeuta.

Nesse contexto, o terapeuta apresentou a seguinte resposta: "Você parece incomodado quando pergunto sobre seus sentimentos".

Quadro 17 – Interpretação que se refere a comportamento que ocorre na sessão

Antecedente	Resposta	Consequente
S^{D1} = s (terapeuta pergunta sobre sentimentos) → r = S^{D2} (incômodo)	R (componentes operantes do incômodo)	SC

Fonte: a autora

A adoção do modelo interpretativo proposto neste estudo clarifica as funções discriminativa e eliciadora apresentadas pela pergunta feita pelo terapeuta e pela sensação de incômodo que, juntas, tornam alta a probabilidade de o cliente emitir uma resposta de fuga-esquiva. O cliente não apenas sente incômodo diante da pergunta, como também, com o posicionamento que adota, tenta evitar um novo contato com estímulo aversivo (contato esse que possivelmente ocorreu em seu passado, em situações nas quais falou sobre seus sentimentos).

Em referência às relações descritas no Quadro 18, de acordo com o terapeuta, o cliente agiu com ele da mesma maneira que em suas relações interpessoais no ambiente externo à terapia, ou seja, emitindo uma resposta de fuga-esquiva (R) correspondente à demonstração de irritação, a qual costuma garantir o afastamento da pessoa em questão (S^{C1} = s²), gerando alívio (r²).

Ao oferecer a interpretação (S^{C2} = s³) diante da demonstração de irritação (R) por parte do cliente, o terapeuta o coloca em contato com contingências outras que não o reforçamento negativo. Na medida em que a interpretação bloqueia a resposta de fuga-esquiva do cliente (R), esse provavelmente entra em contato com estimulação aversiva, o que justifica que o terapeuta permaneça atento a uma possível resposta de ansiedade (r³) apresentada pelo cliente[41].

Nesse contexto, o terapeuta apresentou a seguinte resposta: "Acho que sua irritação aqui tem o mesmo propósito de manter distância que em suas [outras] relações".

---

[41] A noção de bloqueio de esquiva é amplamente discutida no contexto da Psicoterapia Analítica Funcional (Kohlenberg; Tsai, 1991).

Quadro 18 – Interpretação que se refere a comportamento que ocorre fora da sessão e na sessão

Ambiente externo ao terapêutico			
Antecedente	Resposta	Consequente	Resposta fisiológica
$S^{D1} = s^1$ (aproximação de uma pessoa) $\rightarrow r^1 = S^{D2}$ (ansiedade)	R (demonstração de irritação)	$S^{C1} = s^2 \rightarrow$ (afastamento da pessoa)	r^2 (alívio)
Contexto terapêutico			
Antecedente	Resposta	Consequente	Resposta fisiológica
$S^{D3} = s^1$ (terapeuta) $\rightarrow r^1 = S^{D2}$ (ansiedade)	R (demonstração de irritação)	$S^{C2} = s^3 \rightarrow$ (interpretação; continuidade da proximidade do terapeuta)	r^3 (possível ansiedade)

Fonte: a autora

Vale ressaltar que, quando a resposta de fuga-esquiva emitida pelo cliente se mostra ineficiente, não necessariamente a relação estabelecida caracteriza punição positiva, mas, considerando tal possibilidade, o terapeuta torna-se mais instrumentalizado para dar continuidade ao processo de acordo com os princípios que norteiam sua atuação. Tal perspectiva também deve ser considerada no contexto de análise do Quadro 19.

Quanto às relações descritas no Quadro 19, diante da pergunta do terapeuta (S^D), ao contar a história sobre o chefe exigente e, portanto, mudar de assunto, o cliente provavelmente emitiu uma resposta de fuga-esquiva (R) e, de maneira semelhante ao comentado acerca do Quadro 18, o terapeuta, com a interpretação oferecida ($S^C = s$), tentou colocá-lo em contato com contingências outras que não o reforçamento negativo, no sentido de um bloqueio de esquiva. A interpretação do terapeuta ($S^C = s$), nesse caso, não buscou enfatizar simplesmente a resposta de fuga-esquiva (R), mas a aproximação que o cliente estabeleceu entre as duas pessoas — ele próprio e o chefe exigente.

Nesse contexto, o terapeuta apresentou a seguinte resposta: "Acho que o fato de você contar uma história sobre o seu chefe exigente tem algo a ver com minha pergunta sobre seus atrasos a nossas sessões".

Quadro 19 – Interpretação que procura revelar significados ou propósitos ocultos de comportamento

Antecedente	Resposta	Consequente	Resposta fisiológica
S^D (terapeuta pergunta sobre atrasos do cliente)	R (cliente conta história sobre o chefe exigente)	$S^C = s \rightarrow$ (interpretação da fala do cliente)	r^1 (ansiedade) ou r^2 (contentamento)

Fonte: a autora

Complementando os comentários referentes ao Quadro 18, cabe destacar, quanto ao presente exemplo, como uma mesma relação estabelecida entre cliente e terapeuta pode caracterizar tanto punição positiva, quanto reforçamento positivo, dependendo da atuação de variáveis históricas e contextuais. É nesse sentido que a resposta fisiológica pode corresponder tanto a componentes respondentes de ansiedade (r^1) quanto de contentamento (r^2).

Perkins, Hackbert e Dougher (1999), após os exemplos iniciais de interpretações terapêuticas, dão prosseguimento à investigação de diferentes funções clínicas de interpretações destacando duas que são descritas por Kohlenberg e Tsai (no âmbito da FAP) e uma terceira, acrescentada por eles próprios: geração de regras mais efetivas, aumento do contato com contingências e alteração de funções comportamentais ou dos efeitos de eventos relevantes (enquanto operações estabelecedoras).

Em referência às funções descritas por Kohlenberg e Tsai (1991, p. 297), exemplos são discutidos com base nos esquemas que compõem os Quadros 20, 21 e 23[42]:

> A primeira função é baseada na suposição de que [...] regras que descrevem pontualmente as relações controladoras são melhores do que as que não o fazem, na medida em que sugerem intervenções específicas. Por exemplo, uma afirmação referente a um cliente engajar-se em comportamento autodestrutivo "porque é de virgem" não implica uma intervenção específica para mudança [Quadro 20] [...] Em comparação, se é dito ao cliente que seu comportamento autodestrutivo ocorre quando ele pensa que nada menos do que a perfeição é aceitável, diversas intervenções são concebíveis [Quadro 21] [...]

---

[42] O Quadro 22 foi acrescentado como uma tentativa de clarificar as relações implícitas na análise referente ao quadro anterior.

> Com respeito à segunda função da interpretação [...] muitos indivíduos que buscam psicoterapia engajam-se em padrões de comportamento que impedem o contato com contingências ambientais que poderiam gerar mudança positiva, [...] [no sentido de apresentarem] tentativas de evitar possíveis consequências desagradáveis, as quais são inerentes à busca de consequências desejadas. Manter uma distância emocional em relações interpessoais pode [...] evitar a dor associada com rejeição, mas também impede o desenvolvimento de relações íntimas [Quadro 23].

Em referência às relações descritas no Quadro 20, de acordo com Perkins, Hackbert e Dougher (1999), a explicação oferecida ao cliente no ambiente externo ao terapêutico ($S^{C1} = s^1$) dificulta a ocorrência de mudanças por encobrir relações controladoras historicamente construídas. Percebe-se a possibilidade de a relação entre o operante emitido pelo cliente (R) e a consequência que o segue ($S^{C1} = s^1$) caracterizar reforçamento positivo, gerando sensações agradáveis (r^1) na medida em que uma explicação tida como plausível para o comportamento inadequado é apresentada.

Na ausência de tal explicação, é possível supor que o cliente, ao emitir as respostas inadequadas (R), entraria simplesmente em contato com as consequências naturais por elas geradas ($S^{C2} = s^2$), acompanhadas não de sensação agradável (r^1), mas desagradável (r^2), como é característico da ocorrência de punição positiva. A função da explicação ($S^{C1} = s^1$) pode ser reforçadora para o cliente porque o exime da responsabilidade pelos seus atos. Tal explicação também pode ser compreendida como caracterizando a ocorrência de reforçamento negativo (devido à evitação do contato com as consequências naturais – $S^{C2} = s^2$) e sendo acompanhada de alívio (r^1).

Nesse contexto, o terapeuta apresentou a seguinte resposta: "Você se engaja em comportamento autodestrutivo porque é de virgem".

Quadro 20 – Interpretação que não descreve pontualmente as relações controladoras

Atualmente			
Antecedente	Resposta	Consequente	Resposta fisiológica
S^A (situação aversiva; pessoa que apresenta explicação)	R (respostas autodestrutivas)	$S^{C1} = s^1 \rightarrow$ (explicação)	r^1 (sensações agradáveis ou alívio)

Relação alternativa			
Antecedente	Resposta	Consequente	Resposta fisiológica
SA (situação aversiva)	R (respostas autodestrutivas)	$S^{C2} = s^2 \rightarrow$ (consequências naturais)	r^2 (sensação desagradável; culpa)

Fonte: a autora

Quanto ao Quadro 21, a interpretação apresentada pelo terapeuta pode ser justificada por uma argumentação segundo a qual as respostas autodestrutivas (R) do cliente são componentes da ansiedade. Nesse sentido, a relação respondente condicionada, esquematizada no quadro, à esquerda, é referente à eliciação dos componentes respondentes da ansiedade (r) pelo contato com os estímulos que participam do evento correspondente ao pensamento (s) que o cliente apresenta.

É importante considerar, no entanto, que tanto a formulação do pensamento quanto a ocorrência de resposta de ansiedade advêm do contato anterior do cliente com contingências operantes.

Além disso, nesse contexto, o terapeuta apresentou a seguinte resposta: "Seu comportamento autodestrutivo ocorre quando você pensa que nada menos do que a perfeição é aceitável".

Quadro 21 – Interpretação que descreve relações controladoras pontualmente, favorecendo a geração de regras mais efetivas

Antecedente	Resposta
s (pensamento – "nada menos do que a perfeição é aceitável") $\rightarrow r$ (componentes respondentes da ansiedade)	R (componentes operantes da ansiedade, incluindo as respostas autodestrutivas)

Fonte: a autora

O Quadro 22 é apresentado, a seguir, em uma tentativa de clarificar as relações que ficaram implícitas na análise de Perkins, Hackbert e Dougher (1999), tendo em vista que se pretende descrever a viabilização de geração de regras mais efetivas, por parte do cliente, a partir da interpretação oferecida pelo terapeuta.

Acrescento, assim, a possibilidade de o cliente, historicamente, diante de uma tarefa a ser executada (S^A), ter emitido uma resposta tida como inadequada (R^1), a qual gerou críticas ($S^{C1} = s^1$), de maneira que ele apresentou respostas fisiológicas (r^1) correspondentes à sensação de inadequação, acompanhada de pensamentos como "apenas a perfeição é aceitável".

As relações descritas são restritas à emissão de respostas autodestrutivas (R^2) diante de uma tarefa a ser executada ($S^{D1} = s^2$) e do pensamento de que nada menos do que a perfeição é aceitável ($S^{D2} = s^2$). Fica subentendido, portanto, que as respostas autodestrutivas (R^2) se referem a um componente operante da resposta de ansiedade; os componentes respondentes (r^2) são eliciados pelo evento correspondente ao pensamento ($S^{D2} = s^2$), portanto também pelo contato com tarefas que precisam ser executadas ($S^{D1} = s^2$).

Na medida em que as respostas autodestrutivas (R^2) apresentam a função de evitar consequências aversivas (novas críticas – $S^{C1} = s^1$), implicam a ocorrência de reforçamento negativo ($S^{C2} = s^3$). Além disso, as respostas autodestrutivas (R^2) podem apresentar a função de fuga-esquiva também por justificar não apenas imperfeições nas tarefas que o cliente realiza, ou por desviar a atenção delas, como por justificar que ele não se empenhe em realizá-las. Em tais casos, é esperado que uma sensação de alívio (r^3) acompanhe a relação de contingência, embora, quando de um novo contato com a situação ansiogênica (S^{D1}; $S^{D2;}$ S^{D3}), permaneça alta a probabilidade de ocorrência de ansiedade e de emissão de respostas autodestrutivas (R^2), como é típico do controle por reforçamento negativo.

Perkins, Hackbert e Dougher (1999) sugerem que a interpretação do terapeuta pode facilitar a geração de regras funcionais, visto que esclarece a relação estabelecida entre o pensamento do cliente ($S^{D2} = s^2$) e suas respostas fisiológicas emocionais (r^2). Nesse sentido, é considerado que o pensar é um evento que também apresenta função de resposta operante. Assim, o contato com regras funcionais (R^3), diante da situação até então ansiogênica (S^{D1} e $S^{D2} = s^2$; $r^2 = S^{D3}$), poderia favorecer o cliente, na medida em que tais regras (R^3), não representando componentes operantes de resposta de ansiedade, aumentam a probabilidade de serem acompanhadas por respostas alternativas (R^4) às autodestrutivas (R^2). Tais respostas operantes alternativas (R^4) poderiam colocar o cliente em contato com reforçamento positivo ($S^{C3} = s^4$), por exemplo, e suas respostas fisiológicas características (r^4).

Quadro 22 – Contingências relacionadas a respostas autodestrutivas e alternativas no repertório do cliente

Historicamente			
Antecedente	**Resposta**	**Consequente**	**Resposta fisiológica**
S^A (tarefa a ser executada)	R^1 (resposta inadequada)	$S^{C1} = s^1 \rightarrow$ (críticas)	r^1 (sensação de inadequação acompanhada de pensamento – "apenas a perfeição é aceitável")
Atualmente			
Antecedente	**Resposta**	**Consequente**	**Resposta fisiológica**
$S^{D1} = s^2$ (tarefa a ser executada); $S^{D2} = s^2$ (pensamento) $\rightarrow r^2 = S^{D3}$ (ansiedade)	R^2 (respostas autodestrutivas)	$S^{C2} = s^3 \rightarrow$ (ausência de críticas)	r^3 alívio
Relação alternativa			
$S^{D1} = s^2$ (tarefa a ser executada); $S^{D2} = s^2$ (pensamento) $\rightarrow r^2 = S^{D3}$ (ansiedade)	R^3 (regras funcionais); R^4 (respostas alternativas às autodestrutivas)	$S^{C3} = s^4 \rightarrow$	r^4

Fonte: a autora

Quanto às relações descritas no Quadro 23, a interpretação do terapeuta descreve a contingência de reforçamento negativo atualmente em vigor e explica como a emissão de respostas operantes que caracterizam distância emocional (R^2) é acompanhada de consequências negativas que o cliente aparenta estar desconsiderando ($S^{C2} = s^3$).

Por meio de tais relações, a interpretação do terapeuta abre caminho para o reconhecimento de que operantes de aproximação (R^3), que viabilizariam o desenvolvimento de uma relação íntima ($S^{C3} = s^5$), podem ser emitidos apesar da presença de ansiedade ($r^2 = S^{D2}$), condicionada ao longo da história do cliente ($s^1 \rightarrow r^1$; $s^2 \rightarrow r^2$). Assim, uma possível ocorrência de reforçamento positivo ($S^{C3} = s^5$) de respostas (R^3) do cliente, em direção ao desenvolvimento de uma relação íntima, depende de ele expor-se a situações nas quais também corre o risco de entrar novamente em contato com contingências aversivas ($S^{C1} = s1$).

Nesse contexto, o terapeuta apresentou a seguinte resposta: "Manter uma distância emocional em relações interpessoais pode evitar a dor associada à rejeição, mas também impede o desenvolvimento de relações íntimas".

Quadro 23 – Interpretação que contextualiza o efeito de controle por reforçamento negativo, favorecendo o contato com contingências

Historicamente			
Antecedente	**Resposta**	**Consequente**	**Resposta fisiológica**
S^D (pessoa significativa[1])	R^1 (aproximação)	$S^{C1} = s^1 \rightarrow$ (rejeição)	r^1 (dor associada à rejeição)
Atualmente			
Antecedente	**Resposta**	**Consequente**	**Resposta fisiológica**
$S^{D1} = s^2$ (pessoa significativa[2]) $\rightarrow r^2 = S^{D2}$ (ansiedade)	R^2 (distância emocional)	$S^{C2} = s^3 \rightarrow$ (relações superficiais)	r^3 (alívio – pela não ocorrência de rejeição)
Relação alternativa			
Antecedente	**Resposta**	**Consequente**	**Resposta fisiológica**
$S^{D1} = s^2$ (pessoa significativa[2]) $\rightarrow r^2 = S^{D2}$ (ansiedade)	R^3 (aproximação)	$S^{C3} = s^5 \rightarrow$ (relação íntima; reciprocidade)	r^5 (satisfação)

Fonte: a autora

Para além das duas funções que interpretações apresentadas pelo terapeuta podem assumir, anteriormente detalhadas, Perkins, Hackbert e Dougher (1999, p. 298) indicam uma terceira: a função de operação estabelecedora. Em tal sentido, as interpretações "aumentam a efetividade do reforçamento de consequências relevantes, evocam comportamentos relevantes e intensificam o controle exercido por estímulos discriminativos relevantes". Como exemplos de operações estabelecedoras, Perkins, Hackbert e Dougher (1999, p. 298) destacam a privação, "condições do organismo, temperatura ambiente, variáveis relacionadas a excitação sexual, estimulação dolorosa, histórias prévias de aprendizagem, instruções, e eventos que eliciam reações emocionais".

Acerca da função de operação estabelecedora de interpretações, Perkins, Hackbert e Dougher (1999, p. 298-299) diferenciam duas ocorrências distintas (relacionadas aos Quadros 24 a 27): interpretações atuando "simplesmente como regras, instruções ou afirmações verbais que alteram as funções de estímulos relevantes [...] [e] evocando experiências prévias e comportamentos clinicamente relevantes no contexto terapêutico".

Perkins, Hackbert e Dougher (1999) discorrem acerca da primeira possibilidade de uma interpretação adquirir função de operação estabelecedora por meio de dois exemplos, um em referência à interpretação em contexto não clínico, e outro em contexto clínico: "comer tofu faz bem para você" (Quadro 24) e "ansiedade é o resultado natural de sua história particular e ocorre com a maioria das pessoas, em situações sociais" (Quadro 25), respectivamente. Quanto ao primeiro exemplo, Perkins, Hackbert e Dougher (p. 298) indicam que, "se ele [tofu] anteriormente teve efeitos punitivos ou negativamente reforçadores, agora ele pode funcionar como um reforçador positivo [Quadro 24]".

O Quadro 24 contextualiza o exemplo oferecido por Perkins, Hackbert e Dougher (1999), indicando como tofu, que apresentava função aversiva ($S^{C1} = s^1$) para o cliente, poderia passar a apresentar função reforçadora ($S^{C3} = s^4$). A explicação apresentada estaria favorecendo a emissão do operante (R^1) por alterar a função do alimento (de $S^{C1} = s^1$ para $S^{C3} = s^4$). Nesse sentido, o contato com o alimento passaria a apresentar função reforçadora (posto que foi dito que o alimento faz bem), acompanhado por sensação, por exemplo, de contentamento (r^4).

Vale repetir que Perkins, Hackbert e Dougher (1999) não lançam mão simplesmente da noção de regra, mas do processo por meio do qual o contato com uma regra altera a função de determinado estímulo (ver também o Quadro 25). No mesmo sentido, Catania (1998, p. 391) indica que "seguir instruções é uma classe de ordem superior. Os antecedentes verbais podem alterar as funções de outros estímulos (como quando um estímulo neutro se torna reforçador depois que alguém diz que é algo que vale a pena ter)".

A visualização do contexto geral em que diferentes relações são estabelecidas pelo cliente, possibilitada pelo Quadro 24, facilita a demonstração do contexto histórico que favoreceu a ocorrência das respostas de fuga-esquiva emitidas pelo cliente (R^2), bem como da maneira pela qual o contato com o gosto ruim de um alimento pode produzir desagrado ($s^1 \rightarrow r^1$), mas também contentamento ($s^4 \rightarrow r^4$). Assim, o processo pelo qual o estímulo aversivo (tofu – $S^{C1} = s^1$) adquiriu função reforçadora ($S^{C3} = s^4$) e o contexto no qual a ingestão (R^1) de um alimento com gosto ruim não necessariamente caracterizam exposição a uma contingência de punição positiva.

Nesse contexto, o terapeuta apresentou a seguinte resposta: "Comer tofu faz bem para você".

Quadro 24 – Contextualização de exemplo não clínico de interpretação com função de operação estabelecedora enquanto regra que altera a função de um estímulo

Historicamente			
Antecedente	Resposta	Consequente	Resposta fisiológica
S^A (tofu)	R^1 (comer)	$S^{C1} = s^1 \rightarrow$ (gosto desagradável)	r^1 (desagrado)
Posteriormente			
Antecedente	Resposta	Consequente	Resposta fisiológica
$S^{D1} = s^2$ (tofu) $\rightarrow r^2 = S^{D2}$ (desagrado)	R^2 (não comer)	$S^{C2} = s^3 \rightarrow$ (evitação de contato com o gosto ruim)	r^3 (alívio)
Alteração comportamental			
Antecedente	Resposta	Consequente	Resposta fisiológica
$S^{D1} = s^2$ (tofu) $\rightarrow r^2 = S^{D2}; S^{D3}$ (desagrado; regra – "comer tofu faz bem")	R^1 (comer)	$S^{C3} = s^4 \rightarrow$ (gosto desagradável)	r^4 (contentamento)

Fonte: a autora

Um segundo exemplo de interpretação que atua como regra que altera funções de estímulos é apresentado por Perkins, Hackbert e Dougher (1999) no contexto de atendimento de um cliente com queixa de ansiedade ($r^2 = S^{D2}$) em situações de interação interpessoal ($S^{D1} = s^2$), com respostas de evitação de tais situações (R^1) acrescidas de comentários autodepreciativos (R^2) (Quadro 25). Nesse sentido, é considerado que a interpretação

> [...] poderia alterar, para este cliente, os efeitos comportamentais de ansiedade [r2 = SD2] e de contextos interpessoais [SD1 = s2]. Vendo a reação dele [R1; R2] como um resultado natural de sua história, ao invés de alguma falha pessoal, o cliente tem menos motivo para evitar a ansiedade ou as condições que a evocam. Portanto, as interpretações do terapeuta aboliriam os efeitos negativamente reforçadores [aversivos] da ansiedade e de situações que eliciam ansiedade (Perkins; Hackbert; Dougher, 1999, p. 298).

O Quadro 25 parte das informações disponibilizadas por Perkins, Hackbert e Dougher (1999, p. 298) e contextualiza historicamente o exemplo oferecido, além de desdobrá-lo a partir da interpretação oferecida pelo terapeuta. Indico, assim, como uma interpretação pode abolir a função de um estímulo eliciador de ansiedade, ao eliciar respostas diferentes (sensação de confiança, por exemplo – s^4 → r^4), de maneira que o cliente passaria a ter "menos razão de evitar a ansiedade ou as condições que a evocam". Vale ressaltar, no entanto, que a ocorrência de resposta de enfrentamento (R^3) também pode ocorrer na presença de ansiedade (e não apenas no caso de tal sensação ser alterada), nos moldes descritos no Quadro 23 (ver relação identificada como alternativa).

Nesse contexto, o terapeuta apresentou a seguinte resposta: "Ansiedade é o resultado natural de sua história particular e ocorre com a maioria das pessoas, em situações sociais".

Quadro 25 – Exemplo clínico de interpretação com função de operação estabelecedora enquanto regra que altera a função de um estímulo

Historicamente			
Antecedente	Resposta	Consequente	Resposta fisiológica
S^A (interação interpessoal)	R^1 (aproximação)	$S^C = s^1$ →	r^1 (sensações desagradáveis)

EMOÇÕES NA ANÁLISE DO COMPORTAMENTO

Atualmente			
Antecedente	Resposta	Consequente	Resposta fisiológica
$S^{D1} = s^2$ (interação interpessoal) $\rightarrow r^2 = S^{D2}$ (ansiedade)	R^1 (afastamento); R^2 (comentários autodepreciativos)	$S^C = s^3 \rightarrow$	r^3 (alívio)
Alteração comportamental no setting terapêutico			
Antecedente	Resposta	Consequente	Resposta fisiológica
s^4 (regra apresentada pelo terapeuta) $\rightarrow r^4$ (sensação de confiança)			
Alteração comportamental no ambiente externo ao setting terapêutico			
Antecedente	Resposta	Consequente	Resposta fisiológica
$S^{D1} = s^4$ (situação de interação interpessoal) $\rightarrow r^4$ (sensação de confiança/ tranquilidade)	R^3 (aproximação – enfrentamento)		

Fonte: a autora

Acerca da segunda possibilidade de interpretações apresentarem função de operação estabelecedora — evocando experiências prévias e comportamentos clinicamente relevantes, com destaque a respostas emocionais até então evitadas pelo cliente —, Perkins, Hackbert e Dougher (1999, p. 299) indicam que, à medida que as interpretações são verbais ($S^{D1} = s^1$), "elas podem, funcionalmente, trazer os eventos aos quais se referem [r^1; R^1] ao presente psicológico". As vantagens advindas da ocorrência de tais relações no contexto terapêutico são relacionadas à ausência de punição e à possível presença de reforçamento ($S^C = s^2$), por parte do terapeuta, bem como ao fato de gerarem explicações alternativas às adotadas até então pelo cliente. Também se faz possível a ocorrência de respostas fisiológicas (r^2) como as que caracterizam tranquilidade, por exemplo (Quadro 26).

Quadro 26 – Exemplo clínico de interpretação com função estabelecedora que evoca experiências prévias e reações emocionais do cliente

Antecedente	Resposta	Consequente	Resposta fisiológica
$S^{D1} = s^1$ (interpretação do terapeuta acerca de experiências aversivas do cliente) $\rightarrow r^1$ (componentes respondentes de reações emocionais intensas)	r^1 (componentes operantes de reações emocionais intensas); r^2 (expressão de eventos privados)	$S^C = s^2 \rightarrow$ (escuta/acolhimento)	r^2 (tranquilidade)

Fonte: a autora

Em linhas gerais, Perkins, Hackbert e Dougher (1999, p. 299) sugerem que, para além das vantagens da evocação de comportamentos clinicamente relevantes, apresentadas no âmbito da proposta da FAP, há

> [...] um efeito de alteração de função que pode ocorrer quando reações emocionais e experiências prévias são evocadas em sessões de terapia. Extinção, punição e reforçamento não apenas alteram o impacto de estímulos relevantes e a frequência de comportamentos relevantes – eles próprios são operações estabelecedoras. Como exemplo, considere terapias baseadas na extinção, como a dessensibilização sistemática, que repetidamente expõe o cliente a estímulos temidos [s2] na ausência de consequências aversivas [SC = s1][43]. Tais estímulos não apenas perdem suas funções eliciadoras respondentes [s2]; o procedimento de extinção também altera as funções operantes de estímulos relevantes [SD2 => SD3] [Quadro 27].

---

[43] A dessensibilização sistemática também pode ser compreendida como um contracondicionamento, ocorrido por meio da substituição de resposta de ansiedade por resposta de relaxamento (treinada ao início do procedimento), ao invés de como uma procedimento de extinção (RIMM; MASTERS, 1974). Skinner (1981, p. 245), no entanto, também se refere ao processo como sendo "geralmente nada mais do que extinção pavloviana".

EMOÇÕES NA ANÁLISE DO COMPORTAMENTO

Quadro 27 – Contextualização de alteração de funções de estímulos no contexto terapêutico por meio da evocação de reações emocionais e experiências prévias[44]

Historicamente			
Antecedente	Resposta	Consequente	Resposta fisiológica
S^A	R^1	$S^C = s^1$ (contato com estimulação aversiva) $\rightarrow$	r^1 (sensações desagradáveis)
$S^A = S^{D1} = s^2 \rightarrow r^2 = S^{D2}$ (ansiedade)			
Dessensibilização sistemática: exposições repetidas a s^2 na ausência de $S^C = s^1$			
Antecedente	Resposta	Consequente	Resposta fisiológica
s^2 à $r^2 = S^{D2}$ (ansiedade) $=> r^3$ $= S^{D3}$ (tranquilidade/ relaxamento)			

Fonte: a autora

De acordo com Perkins, Hackbert e Dougher (1999), a relação diferenciada que é estabelecida entre cliente e terapeuta tanto pode alterar a ocorrência de respostas emocionais quanto pode favorecer a emissão de operantes diferentes daqueles que o cliente costumava apresentar em contextos para ele até então ansiogênicos. Detalhes acerca de como interpretações podem evocar e alterar respostas emocionais do cliente são apresentados por meio de um exemplo clínico.

> O cliente relatou uma história de tentativas repetidas, mas fracassadas, de agradar seu pai [R1] excessivamente exigente – apesar de suas realizações [R1], seu pai focava as imperfeições e encorajava um melhor desempenho da próxima vez [SC1 = s1]. Seu pai também era intolerante e crítico [SC2 = s3] acerca de qualquer demonstração de emoção [R2]. Ilustrando as interações com seu pai, o cliente relatou um incidente [R4 = s4] que ocorreu na quinta série com uma evidente falta de sentimento [r4 ≠ R3], e quando a terapeuta lhe perguntou como ele se sentiu diante da resposta do pai, ele relatou que não sabia. A terapeuta então interpretou a reação do cliente como resultante da intolerância do pai acerca de manifestações emocionais [SC2 = s3] e sugeriu que os comentários de seu pai devem ter sido dolorosos [r3]. Tal comentário

---

[44] A seta dupla representa alteração de função.

[SD6 = s5] evocou uma expressão muito forte de tristeza [r5 = R5] pelo cliente, a primeira demonstração de qualquer reação emocional até então ocorrida na terapia [Quadro 28] (Perkins; Hackbert; Dougher, 1999, p. 299-300).

Nesse contexto, o terapeuta apresentou a seguinte resposta: "Os comentários de seu pai devem ter sido dolorosos".

Quadro 28 – Exemplo clínico de interpretação que altera relações de contingência[45]

Historicamente			
Antecedente	Resposta	Consequente	Componentes do fenômeno emocional
S^A (pai)	R^1 (realizações)	$S^{C1} = s^1 \rightarrow$ (críticas referentes a imperfeições nas realizações)	$r^1 = R^2$ (tristeza – com componentes respondentes e operantes)
$S^A = S^{D1} = s^2$ (críticas referentes a imperfeições nas realizações) $\rightarrow r^2 = S^{D2}$ (tristeza)	R^2 (expressão de tristeza)	$S^{C2} = s^3 \rightarrow$ (críticas à expressão emocional)	$r^3 \neq R^3$ (ansiedade; expressão de tranquilidade)
Posteriormente			
Antecedente	Resposta	Consequente	Componentes do fenômeno emocional
$S^{D3} = s^4$ (pai) $\rightarrow r^4 = S^{D4}$ (ansiedade)	R^1; R^3 (realizações; expressão de tranquilidade)	$S^{C1} = s^1 \rightarrow$ (críticas apenas referentes a imperfeições nas realizações)	$r^1 \neq R^3$ (tristeza; expressão de tranquilidade)
Manutenção comportamental			
Antecedente	Resposta	Consequente	Componentes do fenômeno emocional
SD5 (terapeuta)	$R^4 = s^4$ (relato do cliente acerca de contingências coercitivas passadas)	$S^{C3} = s^3$ à (escuta)	$r^4 \neq R^3$ (ansiedade – eliciada pelo relato; expressão de tranquilidade)

---

[45] A expressão "componentes do fenômeno emocional" substitui o termo "resposta fisiológica" pelo fato de serem apresentados componentes respondentes, mas também operantes do fenômeno emocional.

EMOÇÕES NA ANÁLISE DO COMPORTAMENTO

Alteração comportamental			
Antecedente	Resposta	Consequente	Componentes do fenômeno emocional
SD6 = s5 (comentário feito pela terapeuta) à r^5 (tristeza)	R5 (expressão de tristeza)	$S^{C4} = s^6$ à (escuta)	r^5 (tranquilidade)

Fonte: a autora

Acerca das relações descritas, vale destacar a ocorrência de ansiedade (r^4) eliciada pelo próprio relato do cliente ($R^4 = s^4$), ocorrida diante da escuta do terapeuta [$S^{C3} = s3$]. A escuta é um evento com função eliciadora (s^3) que, portanto, poderia gerar alterações nas condições corporais do cliente que caracterizassem contentamento, por exemplo, mas que foi seguido por ansiedade (r^4). Nesse caso, o relato do cliente (R^4), aqui identificado como um operante, é um evento que também apresenta função eliciadora (s^4) das mesmas alterações que a presença do pai do cliente quando este sente algo cuja expressão historicamente gerou o contato com estimulação aversiva. Em linhas gerais, há ocorrência de $R^4 = s^4 \rightarrow r^4$, ao invés de $S^{C3} = s^3 \rightarrow r^5$ (que corresponderia a uma sensação de tranquilidade, por exemplo).

Outro ponto é referente ao fato de Perkins, Hackbert e Dougher (1999) considerarem que a relação entre o comentário do terapeuta ($S^{D6} = s^5$) e a expressão de tristeza, pelo cliente ($r^5 = R^5$), caracteriza um procedimento de extinção. Tal relação pode ser compreendida por meio da adoção de uma perspectiva histórica, referente à relação construída entre terapeuta e cliente, a qual foi demarcada por ausência de punição, no mesmo sentido indicado por Holland e Skinner (1961, p. 328): "muitas diferentes formas de psicoterapia têm, em comum, a criação de uma audiência não punitiva que extingue os estímulos aversivos condicionados gerados pelos primeiros estágios do comportamento anteriormente punido".

Por outro lado, Perkins, Hackbert e Dougher (1999, p. 299) indicam que

[...] o procedimento de extinção também pode ser visto como uma operação estabelecedora em potencial ou, mais acuradamente, uma operação abolidora.

O próprio fato de ter uma reação emocional forte, na terapia, na ausência de quaisquer consequências punitivas, pode ter alterado suas propriedades aversivas e diminuído sua efetividade enquanto reforçador negativo ou punitivo. Uma vez que a expressão emocional ocorreu, deixou de haver qualquer razão para evitá-la; a própria experiência pode ter alterado ou pelo menos diminuído sua função comportamental.

O posicionamento de Perkins, Hackbert e Dougher (1999) ressalta os componentes operantes do fenômeno emocional, valorizados, no que tange à manutenção da resposta de expressão emocional, na presença do terapeuta (embora a afirmativa dos autores faça supor que é esperado que a alteração se mantenha também em outros contextos). Tal perspectiva é congruente com o papel de destaque atribuído a inter-relações entre processos respondentes e operantes, defendido neste estudo, e que permite que se compreenda como a emissão de operantes favorece a alteração de fenômenos emocionais. De acordo com tal perspectiva, a relação estabelecida entre terapeuta e cliente favoreceu a expressão emocional por parte deste, mas a simples ocorrência da resposta, ainda que em um contexto historicamente coercitivo, poderia acarretar sua manutenção no repertório comportamental do cliente, desde que não fosse seguida por nova punição, mas por reforçamento.

A importância do estabelecimento de uma relação terapêutica consistentemente não coercitiva é extensamente discutida por Skinner (1965) e ampliada em diferentes contextos de análise (Hayes; Strosahl; Wilson, 1999; Kohlenberg; Tsai, 1991; Mellon, 1998). Perkins, Hackbert e Dougher (1999, p. 299-300) também enfatizam a construção de um ambiente terapêutico diferenciado, no qual o cliente entra em contato frequente com reforçamento positivo, ainda que com foco mais diretamente voltado à importância da ocorrência de interpretações.

> [...] uma única ocorrência de uma reação emocional na terapia provavelmente não seria suficiente para superar a história do cliente a respeito de reações emocionais. No entanto, ocorrências repetidas de reações emocionais na terapia, evocadas por interpretações ou outras intervenções clínicas, poderiam, ao final, abolir seus efeitos negativamente reforçadores ou punitivos. [...]
>
> Em adição, é importante reconhecer que [...] o processo de interpretação, na terapia, tende a ocorrer com frequência, sendo a interpretação seguida de comportamento novo e de uma recontextualização da experiência, que então leva a nova descrição e interpretação por parte do terapeuta.

6

CONSIDERAÇÕES FINAIS

A obra de Skinner sugere que comportamentos são suficientemente esclarecidos por meio da análise de contingências respondentes e operantes, dependendo de a resposta ser definida a partir da relação estabelecida com um estímulo antecedente ou também por meio das consequências que, historicamente, acompanham respostas da mesma classe. Nesse sentido, Skinner (1965) propõe a realização de análises funcionais. No entanto, a presença de componentes respondentes e operantes, na definição de emoções (Catania, 1998; Guilhardi, 2003; Skinner, 1965), é um indicativo de que tais fenômenos exigem uma investigação diferenciada, na qual ambos os processos sejam considerados.

Skinner não direciona seus esforços para construir uma perspectiva de análise voltada a fenômenos emocionais. Apesar de apresentar o pensar e o sentir como objeto de estudo (Skinner, 1945), ele prioriza a investigação de operantes abertos em suas relações com o ambiente externo, e não raramente (Skinner, 1938, 1965, 1993, 1984a, 1985, 1989) indica que respondentes são objeto de estudo da fisiologia. Além disso, Skinner faz referência, em diferentes contextos, a efeitos colaterais de contingência e à ocorrência de eventos privados com função discriminativa, por exemplo, mas tais posicionamentos não são consistentes ou sistematicamente reunidos à noção de operante, dificultando a compreensão da ocorrência e das funções assumidas por fenômenos emocionais.

Na segunda metade do século passado, tentativas de aplicação do modelo skinneriano de análise ao comportamento humano no contexto de terapia verbal, de consultório, esbarram em dificuldades que resultam no afastamento de terapeutas em direção ao cognitivismo e no favorecimento do ecletismo. Apenas nas últimas décadas do século XX, um movimento denominado Análise Clínica do Comportamento (*Clinical Behavior Analysis*) apresentou novos modelos clínicos analítico-comportamentais, com a proposta central de fundamentação de intervenções por meio da realização de análises funcionais (Cavalcante, 1999). Tais ocorrências afastam-se das previsões apresentadas por Skinner (2004, p. 213), em 1968, acerca do papel da psicologia (leia-se Análise do Comportamento) no ano 2000: "a psicologia proverá as técnicas que aqueles que estiverem na posição de educadores, governantes, terapeutas etc. precisarão para alcançar seus respectivos objetivos".

As propostas recentes, delineadas no âmbito da análise clínica do comportamento, muitas vezes vêm acompanhadas de críticas ao behaviorismo skinneriano, compreendido enquanto perspectiva ora contextualista, ora mecanicista (Hayes; Strosahl; Wilson, 1999). Ainda que tais críticas sejam, no mínimo, questionáveis, dada a adoção de um modelo selecionista, por Skinner (Moxley, 1996; Ringen, 1993; Skinner, 1984a, 1984b, 1984c), a própria denominação *Behaviorismo Radical* foi substituída, por alguns, como no caso de Hayes, Strosahl e Wilson (1999), por *behaviorismo contextualista*. Dessa forma, a terapia comportamental vem sendo redefinida por intermédio de propostas que valorizam a adoção de análises funcionais, mas não necessariamente nos moldes skinnerianos (Anderson; Hawkins; Scotti, 1997; Hayes; Berens, 2004; Hayes *et al.*, 2006; Mellon, 1998).

O afastamento dos posicionamentos de Skinner não estão restritos à área clínica. Em referência à psicologia organizacional, Hayes (2004, p. 155) refere-se a uma *ciência analítico-comportamental pós-skinneriana*, indicando que "há necessidade de uma análise da linguagem e da cognição, mas ela não será encontrada nem em outras formas de psicologia, nem no pensamento skinneriano tradicional acerca do tópico".

Por seu turno, Michael (2000), identificando a negligência de analistas do comportamento quanto ao estudo do comportamento humano complexo, propõe uma abordagem da cognição e da emoção por meio, principalmente, da utilização do conceito de operações estabelecedoras, em referência a "fatores que alteram a função [de estímulos] exteriormente à contingência de três termos" (p. 14). Além disso, Michael ressalta a necessidade de utilização de conceitos referentes à equivalência de estímulos ou da teoria de quadros relacionais. Tomando como exemplo observações e achados advindos do contexto clínico, Michael indica, principalmente, o efeito de longa duração apresentado por operações estabelecedoras, como no caso de "eventos traumáticos como estupro, lutas corpo a corpo, agressão ou abuso físico, a morte de um dos pais de uma criança ou de um filho" (p. 20).

De maneira geral, Michael (2000, p. 21) destaca que "palavras podem trazer eventos passado (ou futuros) ao presente psicológico". O efeito prolongado de eventos traumáticos, bem como a função das palavras em relação à ocorrência de fenômenos emocionais podem, no entanto, ser abordados por meio de inter-relações entre processos respondentes e operantes. Considero, neste estudo, que uma análise voltada ao esclarecimento de inter-relações entre eventos comportamentais e ambientais antecedentes e consequentes pode ser fiel à complexidade humana, mantendo vantagens referentes à clareza, economia e funcionalidade.

Parecem problemáticas as explicações que recorrem a relações indiretas entre eventos, compreendendo-as como mais abrangentes na explicação não apenas do comportamento verbal, como também de fenômenos emocionais. Talvez fizesse mais sentido considerá-las alternativas à proposta skinneriana. Retorno, assim, ao posicionamento valorizador da investigação de inter-relações entre processos operantes e respondentes como maneira de tornar mais compreensível a possibilidade de adoção de princípios skinnerianos à análise da complexidade humana.

Vale ressaltar que o termo *análise funcional* não se encontra definido de maneira inequívoca na literatura da Análise do Comportamento (Cavalcante, 1999; Haynes; O'brien, 1990; Neno, 2003). Defini-lo, no entanto, não é objetivo deste estudo, mesmo porque o maior problema, no contexto geral de tentativas de aplicação dos princípios analítico-comportamentais, parece ser a realização de investigações restritas a relações entre respostas abertas e estímulos públicos, nos moldes de uma contingência de três termos que é especificamente dirigida ao operante.

Em linhas gerais, o modelo interpretativo aqui apresentado pretende, de uma perspectiva coerente com o modo causal de seleção por consequências, dar conta da explicação de fenômenos emocionais condicionados ao longo da ontogênese, no sentido da identificação de passos que favoreçam a realização de análises que os tomem como variáveis relevantes. Para tanto, busco identificar inter-relações entre processos respondentes e operantes que se constituem no contexto da emissão de uma resposta operante, implicando, assim, a ocorrência de desdobramentos a partir do estabelecimento de uma contingência operante.

Diferentes exemplos de análise encontrados na literatura da área foram revistos, em uma tentativa de demonstrar vantagens práticas resultantes da aplicação do modelo e, com isso, avaliar seus limites explicativos, no sentido de verificar se ocorre um favorecimento ou esclarecimento dos argumentos utilizados. As análises realizadas na literatura, na ausência de demonstração de possíveis inter-relações entre processos respondentes e operantes, nem sempre levam em conta a ocorrência de eventos privados, de maneira geral, e de fenômenos emocionais, em particular. Por outro lado, quando a subjetividade do indivíduo participa da análise realizada, não se percebe uma interpretação consistente que favoreça a compreensão do papel por ela assumida no momento presente ou historicamente.

Além disso, segundo Anderson *et al.* (2000), a investigação das funções de eventos privados, no contexto da Análise do Comportamento, não resultou ainda em respostas definitivas, mas permite que duas possibilidades ganhem destaque: respostas privadas podem exercer controle discriminativo sobre respostas subsequentes e podem ser mais bem explicadas enquanto estímulos especificadores de contingência. Os autores identificam, na primeira alternativa, o problema de uma resposta (no caso, verbal) apresentar função discriminativa. Eles favorecem, então, a segunda possibilidade, indicando que estímulos especificadores de contingência correspondem a regras e, assim, "são estímulos que afetam a função de outros estímulos, e o fazem por meio da descrição de pelo menos dois componentes de uma contingência" (Anderson *et al.*, 2000, p. 7).

Assim, a análise proposta por Anderson *et al.* (2000, p. 8) afasta-se da explicação de possíveis funções de fenômenos emocionais. Além disso, a função de respostas verbais encobertas foi resumida à noção de regra, com uma explicação restrita à afirmativa de que estímulos especificadores de contingência "podem estabelecer uma nova relação entre uma resposta e um estímulo previamente neutro, resultando na aquisição de funções evocativas por tal estímulo".

Quanto à sistematização das inter-relações entre processos respondentes e operantes, a apresentação do modelo interpretativo de fenômenos emocionais (capítulo 4) e de análises nele baseadas (capítulos 2 e 3) foi realizada com base na utilização de quadros, dos quais participam os eventos descritos na análise original (demonstrada no Quadro 1), mas com uma flexibilidade que pretende destacar as variáveis relevantes em cada contexto específico. Índices alfabéticos e numéricos compõem os quadros que acompanham as análises discutidas e variam, portanto, de acordo com as relações descritas a cada caso. No mesmo sentido, são excluídos espaços que não sejam de interesse para as relações demonstradas em um determinado quadro. Considero, assim, a realização de análises com diferentes alcances, pois uma maior complexidade é alcançada quando ocorre a identificação de variáveis históricas e atuais. O quadro original (Quadro 1) é dividido em quatro colunas, de maneira que a resposta operante ocupa o espaço seguinte ao destinado ao evento antecedente e anterior ao que deve ser completado pelo evento consequente. A este soma-se um espaço para a identificação de ocorrência de resposta fisiológica, a qual não participa diretamente da proposta skinneriana de contingência operante, mas corresponde à noção skinneriana de efeito colateral.

Tendo em vista que a resposta fisiológica é um componente respondente do fenômeno emocional, é necessário identificar o estímulo que a elicia. Pela própria disposição das variáveis no quadro, é possível verificar que tal estímulo corresponde ao evento identificado por Skinner como estímulo consequente. Assim, a resposta fisiológica é eliciada pelo contato do indivíduo com um estímulo que também apresenta função reforçadora, ou aversiva, ou com eventos que caracterizam a situação de retirada ou não apresentação de um estímulo reforçador ou aversivo (contingências de reforçamento positivo, punição positiva, punição negativa, extinção e reforçamento negativo, respectivamente).

No espaço reservado ao evento antecedente, é identificada a aquisição, por tal evento, das funções discriminativa e eliciadora condicionada de respostas fisiológicas, que também podem ser apresentadas pelo próprio evento que corresponde às respostas fisiológicas. Desse modo, duas linhas compõem o quadro, representando relações históricas e atuais.

A compreensão do modelo explicativo deriva da adoção dos seguintes pressupostos: (a) a explicação de operantes e respondentes condicionados é histórica, de maneira que a ocorrência de um comportamento, aberto ou encoberto, é explicada por meio de relações estabelecidas entre indivíduo e ambiente (Skinner, 1938, 1965); (b) eventos ambientais e comportamentais podem adquirir diferentes funções de estímulo (Catania, 1998; Morris; Higgins; Bickel, 1982; Skinner, 1965, 1992, 1993); e (c) fenômenos emocionais apresentam componentes respondentes e componentes operantes (Holland; Skinner, 1961; Skinner, 1965). Assim, no que tange ao estabelecimento de relações de contingência, a análise de inter-relações entre processos respondentes e operantes demonstra ser uma alternativa válida para a explicação de respostas abertas e encobertas, com a participação de estímulos públicos e privados, da mesma maneira que favorece a visualização de alterações de fenômenos emocionais por meio da emissão de operantes.

Em suma, o modelo interpretativo de fenômenos emocionais demonstra sua importância, no contexto da realização de análises funcionais, na medida em que permite a identificação e o preenchimento de lacunas quanto às possíveis funções das variáveis investigadas, compondo um contexto explicativo que abrange eventos públicos e privados, de uma perspectiva atual e histórica. Além disso, a sistematização das variáveis investigadas favorece o levantamento de hipóteses referentes à predição e ao controle do comportamento enquanto fenômeno complexo. Por meio dos exemplos que participam deste estudo, represento a utilidade da aplicação do modelo interpretativo quando as análises que constam da literatura são coerentes com o modo causal de seleção por consequências, mas — o que frequentemente é o caso — deixam apenas implícitas as inter-relações entre eventos que são responsáveis pela explicação da ocorrência de fenômenos emocionais e pelas funções por eles assumidas.

Também quando as análises encontradas na literatura se afastam de aspectos característicos da perspectiva selecionista, o modelo oferece a possibilidade de realização de interpretações alternativas, coerentes com tal perspectiva. Na medida em que se busca a explicação de respostas operantes e de fenômenos emocionais, é favorecida a compreensão do indivíduo como um todo, como no caso das análises realizadas acerca de questões apresentadas por Baron e Galizio (2005) e por Holland, (1978), no capítulo 4.

Mais especificamente, a adoção do modelo interpretativo de fenômenos emocionais permite a demonstração da diferenciação entre cada um dos eventos que se inter-relacionam no contexto de análise de uma resposta operante, bem como das diferentes funções por eles assumidas. Destaco, aí, a identificação da ocorrência de eventos privados com função discriminativa. Parto do princípio de que considerar apenas as funções discriminativas de eventos públicos dificulta a compreensão da participação de fenômenos emocionais no contexto da proposta skinneriana de análise do operante e, com isso, que se perceba o alcance de tal proposta na explicação da complexidade humana.

Nesse mesmo sentido, a adoção do modelo interpretativo de fenômenos emocionais favorece especialmente a compreensão da contingência de reforçamento negativo por esquiva. Por definição, uma resposta de esquiva ocorre diante de um estímulo com função discriminativa, seguida da não apresentação de um estímulo aversivo. A identificação da ocorrência da

EMOÇÕES NA ANÁLISE DO COMPORTAMENTO

esquiva é dificultada pelo fato de a análise ser baseada no reconhecimento de eventos consequentes cuja ausência é mais relevante para o indivíduo, naquele momento, do que o contato com os eventos que estão presentes.

Quando, por outro lado, para além das relações estabelecidas com eventos públicos com função discriminativa, também se consideram eventos privados que adquiriram tal função, a análise pode ser facilitada pela inclusão da variável referente a um fenômeno emocional, como a ansiedade. Assim, a emissão da resposta de esquiva é seguida pela eliminação ou abrandamento da ansiedade que estava presente até então. A esquiva pode ser identificada também por meio da interrupção na ocorrência de um evento privado — e não simplesmente pela não ocorrência de um evento público. Nesse sentido, Holland e Skinner (1961, p. 243) indicam que, "quando é reforçador livrar-se de uma emoção forte, isto é um exemplo de reforçamento negativo".

A aplicação do modelo interpretativo de fenômenos emocionais pode ainda esclarecer a ocorrência de eventos que participam de relações de contingência que são desconsideradas em investigações voltadas a uma contingência específica. Em análises de situações nas quais o indivíduo emite uma resposta eficiente de esquiva, por exemplo, pode acontecer de ele, ainda assim, entrar em contato com punição. Em tais casos, o esclarecimento da situação mais complexa, representada pelo alcance apenas relativo da resposta de esquiva, permite também a compreensão da presença de fenômenos emocionais que porventura pareçam sem sentido ou despropositados na investigação mais restrita à ocorrência de reforçamento negativo.

Com o modelo interpretativo de fenômenos emocionais, análises restritas a variáveis atuais são enriquecidas por meio da especificação de processos que explicitam a ocorrência de variáveis históricas. A presença de respostas fisiológicas componentes de fenômenos emocionais, anteriormente e após a emissão de uma resposta operante, é esclarecida por meio de relações entre estímulos incondicionados e neutros ou de condicionamento de segunda ordem. É possível, inclusive, demonstrar o papel explicativo, alternativo, da ocorrência de fenômenos emocionais por meio de relações diretas entre estímulos em contextos de análise fundamentadas em relações indiretas.

Por fim, o modelo interpretativo aqui proposto oferece a vantagem de poder ser estendido de maneira a explicar a participação de respostas referentes ao pensar no contexto de análise da emissão de operantes. Conforme citado anteriormente, Skinner (1965) apontou o pensar como um exemplo

135

de efeito colateral de contingência operante. Considero, no entanto, que o pensar não necessariamente apresenta componentes respondentes, de maneira que análises complementares são exigidas para que se compreenda sua ocorrência após o contato do indivíduo com o estímulo consequente e, além disso, enquanto evento com função discriminativa e eliciadora.

Na falta de um teste empírico, o modelo interpretativo proposto apresenta uma função heurística. Considero, no entanto, que o poder heurístico do modelo pode ser aumentado à medida que for testado empiricamente. Uma alternativa implicaria o teste de fenômenos de diferentes complexidades, do mais simples ao mais complexo, iniciando, por exemplo, com relações isoladas de contingência em direção a esquemas de reforço e à ocorrência de supressão condicionada e situações de conflito (aproximação-aproximação; afastamento-afastamento; aproximação-afastamento). Também a possibilidade de o modelo dar conta da explicação de operações estabelecedoras permanece por ser investigada.

REFERÊNCIAS

ANDERY, M. A.; MICHELETTO, N.; SÉRIO, T. M. Publicações de B. F. Skinner: de 1930 a 2004. *Revista Brasileira de Terapia Comportamental e Cognitiva*, [s. l.], v. 6, p. 93-134, 2004.

ANDERSON, C. M.; HAWKINS, R. P.; FREEMAN, K. A.; SCOTTI, J. R. Private events: Do they belong in a science of human behavior? *The Behavior Analyst*, [s. l.], v. 23, p. 1-10, 2000.

ANDERSON, C. M.; HAWKINS, R. P.; SCOTTI, J. R. Private events in behavior analysis: Conceptual basis and clinical relevance. *Behavior Therapy*, [s. l.], v. 28, n. 1, p. 157-179, 1997.

BAER, D. M.; MONTROSE, M. W.; TODD, R. R. Some current dimensions of applied behavior analysis. Journal of Applied Behavior Analysis, [s. l.], v. 1, n. 1, p. 91-97, 1968.

BANACO, R. A.; ZAMIGNANI, D. R.; KOVAC, R. O estudo de eventos privados através de relatos verbais de terapeutas. In: BANACO, R. A. (org.). *Sobre comportamento e cognição*. Vol. 1. Santo André: ARBytes, 1999. p. 289-301.

BARON, A.; GALIZIO, M. Positive and negative reinforcement: Should the distinction be preserved? *The Behavior Analyst*, [s. l.], v. 28, p. 85-98, 2005.

BAUM, W. M. *Understanding behaviori*sm. New York: Harper Collins College Publishers, 1994.

BOLLES, R. C. On the status of causal modes. *Behavioral and Brain Sciences*, [s. l.], v. 7, p. 482-483, 1984.

BRANCH, M. N. Kimble and behaviorism. *American Psychologist*, [s. l.], v. 45, n. 4, p. 557-558, 1990.

CARRARA, K. *Behaviorismo Radical*: crítica e metacrítica. 2. ed. São Paulo: UNESP, 2005.

CATANIA, A. C. *Learning*. 4. ed. New Jersey: Prentice Hall, 1998.

CATANIA, A. C. B. F. Skinner's Science and Human Behavior: Its antecedents and its consequences. *Journal of the Experimental Analysis of Behavior*, [s. l.], v. 80, n. 3, p. 313-320, 2003.

CAVALCANTE, S. N. Abordagem biocomportamental: Síntese da Análise do Comportamento? *Psicologia*: Reflexão e Crítica, [s. l.], v. 10, n. 2, 1997.

CAVALCANTE, S. N. *Análise funcional na terapia comportamental*: uma discussão das recomendações do behaviorismo contextualista. 1999. Dissertação (Mestrado em Teoria e Pesquisa do Comportamento) – Universidade Federal do Pará, Belém, 1999.

CIPANI, E. The communicative function hypothesis: An operant behavior perspective. *Journal of Behavior Therapy and Experimental Psychiatry*, [s. l.], v. 21, n. 4, p. 239-247, 1990.

CLEAVELAND, J. M. Beyond trial-and-error in a selectionist psychology. *Behavior and Philosophy*, [s. l.], v. 30, p. 73-99, 2002.

COÊLHO, N. L. *O conceito de ansiedade na Análise do Comportamento*. 2006. Dissertação (Mestrado em Teoria e Pesquisa do Comportamento) – Universidade Federal do Pará, Belém, 2006.

DAHLBOM, B. Skinner, selection, and self-control. *Behavioral and Brain Sciences*, [s. l.], v. 7, p. 484-486, 1984.

DAMÁSIO, A. *O mistério da consciência*. São Paulo: Companhia das Letras, 2000.

DARWICH, R. Razão e emoção: uma leitura analítico-comportamental de avanços recentes nas neurociências. *Estudos de Psicologia*, Natal, v. 10, n. 2, p. 215-222, 2005.

DARWICH, R. A.; TOURINHO, E. Z. Respostas emocionais à luz do modo causal de seleção por consequências. *Revista Brasileira de Terapia Comportamental e Cognitiva*, [s. l.], v. VII, n. 1, p. 107-118, 2005.

DEGRANDPRE, R. J. A science of meaning: Can behaviorism bring meaning to psychological science? *American Psychologist*, [s. l.], v. 55, p. 721-739, 2000.

DE ROSE, J. C. Consciência e propósito no Behaviorismo Radical. *In*: PRADO JÚNIOR, B. (org.). *Filosofia e comportamento*. São Paulo: Brasiliense, 1982. p. 67-91.

DITTRICH, A.; ABIB, J. A. D. O sistema ético skinneriano e consequências para a prática dos analistas do comportamento. *Psicologia*: Reflexão e Crítica, [s. l.], v. 17, n. 3, p. 427-433, 2004.

DONAHOE, J. W.; PALMER, D. C. *Learning and complex behavior*. Boston; London: Allyn and Bacon, 1994.

DONAHOE, J. W.; PALMER, D. C.; BURGOS, J. E. The S-R issue: Its status in behavior analysis and in Donahoe and Palmer's Learning and Complex Behavior. *Journal of the Experimental Analysis of Behavior*, [s. l.], v. 67, n. 2, p. 193-211, 1997.

DOUGHER, M.; HACKBERT, L. Establishing operations, cognition, and emotion. *The Behavior Analyst*, [s. l.], v. 23, n. 1, p. 11-24, 2000.

ESTES, W. K.; SKINNER, B. F. Some quantitatives properties of anxiety. *Journal of Experimental Psychology*, [s. l.], v. 29, p. 390-400, 1941.

FORSYTH, J. P.; EIFERT, G. H. The language of feeling and the feeling of anxiety: Contributions of the behaviorisms toward understanding the function-altering effects of language. *The Psychological Record*, [s. l.], v. 46, p. 607-649, 1996.

FRIMAN, P. C.; HAYES, S. C.; WILSON, K. G. Why behavior analysts should study emotion: The example of anxiety. *Journal of Applied Behavior Analysis*, [s. l.], v. 31, n. 1, p. 137-156, 1998.

FLORA, S. R. Undermining intrinsic interest from the standpoint of a b*ehaviorist*. *The Psychological Record*, [s. l.], v. 40, n. 3, p. 323-346, 1990.

GOLDIAMOND, I. Toward a constructional approach to social problems: Ethical and constitutional issues raised by applied behavior analysis. *Behaviorism*, [s. l.], v. 2, p. 1-84, 1974.

GUILHARDI, H. J. Considerações sobre o papel do terapeuta ao lidar com os sentimentos do cliente. *In*: BRANDÃO, M. Z. S. *et al.* (org.). *Sobre comportamento e cognição*. Vol. 13. Santo André: ESETec, 2003. p. 229-249.

HARZEM, P. Searching for a future for behaviorism: A review of the new behaviorism by John Staddon. *Behavior and Philosophy*, [s. l.], v. 30, p. 61-72, 2002.

HAYES, S. C. Fleeing from the elephant: Language, cognition and post-Skinnerian behavior analytic science. *Journal of Organizational Behavior Management*, [s. l.], v. 24, n. 1-2, p. 155-173, 2004.

HAYES, S. C.; BERENS, N. M. Why relational frame theory alters the relationship between basic and applied behavioral psychology. *International Journal of Psychology and Psychological Therapy*, [s. l.], v. 4, n. 2, p. 341-353, 2004.

HAYES, S. C.; LUOMA, J. B.; BOND, F. W.; MASUDA, A.; LILLIS, J. Acceptance and Commitment Therapy: Model, processes and outcomes. *Behaviour Research and Therapy*, [s. l.], v. 44, p. 1-25, 2006.

HAYES, S. C.; STROSAHL, K. D.; WILSON, K. G. *Acceptance and commitment therapy*: an experimental approach to behavior change. New York; London: The Guilford Press, 1999.

HAYNES, S. N.; O'BRIEN, W. H. Functional analysis in behavior therapy. *Clinical Psychology Review*, [s. l.], v. 10, n. 6, p. 649-668, 1990.

HOLLAND, J. G. Behaviorism: Part of the problem of the solution? *Journal of Applied Behavior Analysis*, [s. l.], v. 11, n. 1, p. 163-174, 1978.

HOLLAND, J. G.; SKINNER, B. F. *The analysis of behavior*: a program for self-instruction. New York: McGraw-Hill, 1961.

IVERSEN, S.; KUPFERMANN, I. E.; KANDEL, E. R. Arousal, emotion, and behavioral homeostasis. *In*: KANDEL, E. R.; SCHWARTZ, J. H.; JESSEL, T. M. (org.). *Principles of neural science*. Nova York: MacGraw-Hill, 2000. p. 873-997.

KELLER, F. S. Burrhus Frederic Skinner (1904-1990) (a thank-you). *Journal of the Experimental Analysis of Behavior*, [s. l.], v. 54, n. 3, p. 155-158, 1990.

KELLER, F. S.; SCHOENFELD, W. N. *Principles of Psychology*. 2. ed. Massachusetts: Copley, 1995.

KOHLENBERG, R. J.; TSAI, M. *Functional Analytic Psychotherapy*: a guide for creating intense and curative therapeutic relationships. New York: Plenum, 1991.

LATTAL, K. A. Contingency and behavior analysis. *The Behavior Analyst*, [s. l.], v. 18, p. 209-224, 1995.

MARKHAM, M. R.; BRANSCUM, E.; FINLAY, C. G.; ROARK, R. Experimental analysis of respondent conditioning in humans: a primer and call to action. *Experimental Analysis of Human Behavior Bulletin*, [s. l.], v. 14, n. 1, p. 7-10, 1996.

MALONE, J. C. Operants were never "emitted", feeling is doing, and learning takes only one trial: A review of B. F. Skinner's Recent Issues in the Analysis of Behavior. *Journal of the Experimental Analysis of Behavior*, [s. l.], v. 71, n. 1, p. 115-120, 1999.

MARTIN, G. L. *Consultoria em psicologia do esporte*: orientações práticas em Análise do Comportamento. Campinas: Instituto de Análise do Comportamento, 2001.

MATOS, M. A. Behaviorismo metodológico e Behaviorismo Radical. *In*: RANGÉ, B. (org.). *Psicoterapia comportamental e cognitiva*: Pesquisa, prática, aplicações e problemas. Campinas: Editorial Psy, 1995. p. 27-34.

MELLON, R. Outsight: Radical behaviorism and psychotherapy. *Journal of Psychotherapy Integration*, [s. l.], v. 8, n. 3, p. 123-146, 1998.

MICHAEL, J. Positive and negative reinforcement, a distinction that is no longer necessary; or a better way to talk about bad things. *Behaviorism*, [s. l.], v. 3, n. 1, p. 33-44, 1975.

MICHAEL, J. Distinguishing between discriminative and motivational functions of stimuli. *Journal of Experimental Analysis of Behavior*, [s. l.], v. 37, p. 149-155, 1982.

MICHAEL, J. Establishing operations. *The Behavior Analyst*, [s. l.], v. 16, p. 191-206, 1993.

MICHAEL, J. Establishing operations, cognition, and emotion. *The Behavior Analyst*, [s. l.], v. 23, p. 11-24, 2000.

MICHELETTO, N. *Uma questão de consequências*: a elaboração da proposta metodológica de Skinner. 1995. Tese (Doutorado em Psicologia Social) – Pontifícia Universidade Católica de São Paulo, São Paulo.

MIGUEL, C. F. O conceito de operação estabelecedora na Análise do Comportamento. *Psicologia*: Teoria e Pesquisa, [s. l.], v. 16, n. 3, p. 259-267, 2000.

MOORE, J. On mentalism, privacy, and behaviorism. *Journal of Mind and Behavior*, [s. l.], v. 11, n. 1, p. 19-36, 1990.

MOORE, J. Thinking about thinking and feeling about feeling. *The Behavior Analyst*, [s. l.], v. 23, n. 1, p. 45-56, 2000.

MORF, M. E. Sartre, Skinner, and the compatibilist freedom to be authentically. *Behavior and Philosophy*, [s. l.], v. 26, p. 29-43, 1998.

MORRIS, E. K.; HIGGINS, S. T.; BICKEL, W. K. The influence of Kantor's interbehavioral psychology on behavior analysis. *The Behavior Analyst*, [s. l.], v. 5, p. 158-173, 1982.

MORSE, W. H.; SKINNER, B. F. A second type of superstition in the pigeon. *The American Journal of Psychology*, [s. l.], v. 70, n. 2, p. 308-311, 1957.

MOXLEY, R. A. The import of Skinner's three-term contingency. *Behavior and Philosophy*, [s. l.], v. 24, n. 2, p. 145-167, 1996.

MOXLEY, R. A. The two Skinners, modern and postmodern. *Behavior and Philosophy*, [s. l.], v. 27, p. 97-125, 1999.

NENO, S. Análise funcional: definição e aplicação na terapia analítico-comportamental. *Revista Brasileira de Terapia Comportamental e Cognitva*, [s. l.], v. 5, n. 2, p. 151-165, 2003.

OVERSKEID, G. Why behave? The problem of initiating causes and the goals of prediction and control. *The Psychological Record*, [s. l.], v. 56, n. 3, p. 323-340, 2006.

PERKINS, D. R.; HACKBERT, L.; DOUGHER, M. J. Interpretation in clinical behavior analysis. *In*: DOUGHER, M. J. (ed.). *Clinical behavior analysis*. Reno: Context Press, 1999. p. 291-302.

PERONE, M. Negative effects of positive reinforcement. *The Behavior Analyst*, [s. l.], v. 216, n. 1, p. 1-14, 2003.

PIERCE, W. D.; EPLING, W. F. *Behavior analysis and learning*. 2. ed. New Jersey: Prentice Hall, 1999.

RACHLIN, H. Teleological behaviorism. *American Psychologist*, [s. l.], v. 47, n. 11, p. 1371-1382, 1992.

REHFELDT, R. A.; HAYES, L. J. The operant-respondent distinction revisited: Toward an understanding of stimulus equivalence. *The Psychological Record*, [s. l.], v. 48, p. 187-210, 1998.

RIMM, D. C.; MASTERS, J. C. *Behavior therapy techniques and empirical findings*. New York: Academic Press, 1974.

RINGEN, J. D. Adaptation, teleology, and selection by consequences. *Journal of the Experimental Analysis of Behavior*, [s. l.], v. 60, n. 1, p. 3-15, 1993.

SÉRIO, T. M. A. P. *Um caso na história do método científico*: do reflexo ao operante. 1990. Tese (Doutorado em Psicologia Social) – Pontifícia Universidade Católica de São Paulo, São Paulo, 1990.

SÉRIO, T. M. A. P. O impacto do Behaviorismo Radical sobre a explicação do comportamento. *In*: GUILHARDI, H. J.; MADI, M. B. B. P.; QUEIROZ, P. P.; SCOZ, M. C. (org.). *Sobre comportamento e cognição*. Vol. 7. Santo André: ESETec, 2001. p. 164-172.

SIDMAN, M. *Coercion and its fallout*. Massachusetts: Authors Cooperative, 1989.

SILVA, M. T. A. The challenge of egolessness: buddhist teachings and Skinnerian concepts. *Ciência e Cultura*, [s. l.], v. 50, p. 135-40, 1998.

SKINNER, B. F. Two types of conditioned reflex: A reply to Konorsky and Miller. *Journal of General Psychology*, [s. l.], v. 16, p. 272-279, 1937.

SKINNER, B. F. *The behavior of organisms*: an experimental analysis. New York: Appleton-Century, 1938.

SKINNER, B. F. The operational analysis of psychological terms. *Psychological Review*, [s. l.], v. 52, n. 5, p. 270-277, 1945.

SKINNER, B. F. Superstition in the pigeon. *Journal of Experimental Psychology*, [s. l.], v. 38, p. 168-172, 1948.

SKINNER, B. F. *Science and human behavior*. 2. ed. New York: The Free Press; London: Collier Macmillan, 1965.

SKINNER, B. F. Some responses to the stimulus "Pavlov". *Conditional Reflex*: a Pavlovian Journal of Research & Therapy, [s. l.], v. 1, n. 2, p. 74-8, 1966.

SKINNER, B. F. *Contingencies of reinforcement*: a theoretical analysis. 2. ed. New York: Appleton Century Crofts, 1969.

SKINNER, B. F. Pavlov's influence on psychology in America. *Journal of the History of the Behavioral Sciences*, [s. l.], v. 17, p. 242-245, 1981.

SKINNER, B. F. Selection by consequences. *Behavioral and Brain Sciences*, [s. l.], 2. ed., v. 7, p. 477-510, 1984a.

SKINNER, B. F. Some consequences of selection. *Behavioral and Brain Sciences*, [s. l.], v. 7, n. 4, p. 502-509, 1984b.

SKINNER, B. F. The evolution of behavior. *Journal of the Experimental Analysis of Behavior*, [s. l.], v. 41, n. 2, p. 217-221, 1984c.

SKINNER, B. F. Cognitive science and behaviorism. *British Journal of Psychology*, [s. l.], v. 76, p. 291-301, 1985.

SKINNER, B. F. The evolution of verbal behavior. *Journal of the Experimental Analysis of Behavior*, [s. l.], v. 45, n. 1, p. 115-122, 1986a.

SKINNER, B. F. What is wrong with daily life in the western world? *American Psychologist*, v. 41, p. 568-54, 1986b.

SKINNER, B. F. Some thoughts about the future. *Journal of the Experimental Analysis of Behavior*, [s. l.], v. 45, n. 2, p. 229-235, 1986c.

SKINNER, B. F. *Upon further reflection*. Englewood Cliffs; New Jersey: Prentice-Hall, 1987.

SKINNER, B. F. Signs and countersigns. *Behavioral and Brain Sciences*, [s. l.], v. 11, p. 466-7, 1988.

SKINNER, B. F. *Recent issues in the analysis of behavior*. Columbus: Merrill, 1989.

SKINNER, B. F. Can psychology be a science of mind? *American Psychologist*, [s. l.], v. 45, n. 11, p. 1206-1210, 1990.

SKINNER, B. F. *Verbal behavior*. Massachusetts: Copley, 1992.

SKINNER, B. F. *About behaviorism*. London: Penguin Books, 1993.

SKINNER, B. F. *Beyond freedom and dignity*. Indianapolis: Hackett, 2002.

SKINNER, B. F. Psychology in the year 2000. *Journal of the Experimental Analysis of Behavior*, [s. l.], v. 81, n. 2, p. 207-213, 2004.

STAATS, A. W.; EIFERT, G. H. The paradigmatic behaviorism theory of emotions. *Clinical Psychology Review*, [s. l.], v. 10, n. 5, p. 539-566, 1990.

STADDON, J. E. R. On the notion of cause, with applications to behaviorism. *Behaviorism*, [s. l.], v. 1, p. 25-63, 1973.

THOMPSON, T. Paul E. Meehl and B. F. Skinner: Autitaxia, autitypy, and autism. *Behavior and Philosophy*, [s. l.], v. 33, p. 101-131, 2005.

TIMBERLAKE, W. Is the operant contingency enough for a science of purposive behavior? *Behavior and Philosophy*, [s. l.], v. 32, p. 197-229, 2004.

TIMBERLAKE, W.; SCHAAL, D. W.; STEINMETZ, J. E. Relating behavior and neuroscience: Introduction and synopsis. *Journal of the Experimental Analysis of Behavior*, [s. l.], v. 84, n. 3, p. 305-311, 2005.

TODOROV, J. C. Behaviorismo e análise experimental do comportamento. *Cadernos de Análise do Comportamento*, [s. l.], v. 3, p. 10-23, 1982.

TODOROV, J. C. A evolução do conceito de operante. *Psicologia*: Teoria e Pesquisa, [s. l.], v. 18, n. 2, p. 123-127, 2002.

TODOROV, J. C. Da aplysia à constituição: Evolução de conceitos na Análise do Comportamento. *Psicologia*: Reflexão e Crítica, [s. l.], v. 17, n. 2, p. 151-156, 2004.

TOURINHO, E. Z. Behaviorism, interbehaviorism and the boundaries of a science of behavior. *European Journal of Behavior Analysis*, [s. l.], v. 5, p. 15-27, 2004.

TOURINHO, E. Z. Private stimuli, covert responses, and private events: conceptual remarks. *The Behavior Analyst*, [s. l.], v. 29, n. 1, p. 13-31, 2006a.

TOURINHO, E. Z. *Subjetividade e relações comportamentais*. 2006. Tese (Professor Titular). Universidade Federal do Pará, Belém, 2006b.

TOURINHO, E. Z. Relações comportamentais como objeto da Psicologia: algumas implicações. *Interação em Psicologia*, [s. l.], v. 10, n. 1, p. 1-8, 2006c.

WILSON, K. G.; HAYES, S. C. Why it is crucial to understand thinking and feeling: an analysis and application to drug abuse. *The Behavior Analyst*, [s. l.], v. 23, p. 25-44, 2000.